やさしくわかる

生徒指導提要
ガイドブック

八並光俊
石隈利紀
田村節子
家近早苗

編著

明治図書

JN041612

ビジョンは一つ，方法は多様
One Vision and Multidisciplinary Approach

　本書を手にしていただき，まことにありがとうございます。タイトルにありますように，本書は2022年12月に文部科学省より刊行された『生徒指導提要』（改訂版）の解説書です。私は同書の作成を検討する「生徒指導提要の改訂に関する協力者会議」の座長であり，デジタルテキストの作成者です。本書の作成の意図や方針を，個人史も含めて述べてはじめの言葉としたいと思います。なお，以下の内容の一部は，ほんの森出版（2023）『月刊学校教育相談』1月号掲載の八並光俊「リーガル・ナレッジに基づく発達支持的生徒指導の充実を」（pp.10-13）を引用・改変しています。

1　苦境に立つ子供の救済

　私は，小学校3年生になったとたんに，複数の同級生から暴力的ないじめを受け，命を守るために不登校を選択しました。また，同時期に，父親が難病に倒れ，奨学金で高校から大学院まで過ごしました。つまり，ヤングケアラーで長年過ごしました。そのような生活経験から，自分と同じような境遇の子供や，もっと苦境に立っている子供を助けたいと思ってきました。また，子供救済の近道は，教職員，保護者，地域住民及び関係機関の方々の生徒指導への理解の深まりしかないと思ってきました。その具体的方法が，私自身の生徒指導研究であり，改訂版の作成でした。

2　フロンティア・スピリットの貫徹

　貧しい私が身を起こすためには，学問しかありませんでした。42年前は，

国立大学の大学院進学も難しく，博士課程からすぐに大学教員になれるわけでもありませんでした。その状況下で，私は当時学問として認知されていない生徒指導を研究テーマにしました。生徒指導研究の開眼の契機は，アメリカへの国費留学でした。そこで，スクールカウンセリングの源流となるガイダンス・アンド・カウンセリングを学び，新たな生徒指導研究を帰国後推し進めました。今もって，孤高の名もなき大学教員ですが，初心のフロンティア・スピリットを忘れずに，不断の努力は怠っていません。

3 「やさしくわかりやすい」という本書の特色

『生徒指導提要』は，いじめ自死のような悲劇を二度と起こさない，教育本来の目的である子供たち一人一人のキャリア実現を支える書として世に送り出しました。そのためには，まずは同書を読んでいただく必要があります。作成に当たっては，教職員だけではなく，保護者，関係機関の皆様方にもわかりやすく読めることを心がけました。しかし，国の基本書ということと，紙面の制約上，わかりにくいことが多々あると推察します。そこで，本書では，読者の皆様にやさしく解説をし，ご理解いただくよう配慮しました。

4 ビジョンは一つ，方法は多様

生徒指導は，多様な子供たちの個性の発見やよさや可能性の伸長を支え，主体的な自己実現を願うという点では，ビジョンは一つです。ただし，多様性に富む子供たちへの支援方法は，多様です。これが生徒指導の学際性の所以です。本書の執筆者は，生徒指導の基盤を成す学校心理学を主軸に，生徒指導の諸課題に精通した大学教員と，公認心理師，弁護士という心理や法の専門家で構成しています。皆様，快諾いただき編者の一人として感謝致します。また，本書が，皆様の生徒指導理解の一助になれば幸いです。

八並　光俊

CONTENTS

はじめに

［いじめ］

［暴力行為・少年非行］

執筆者一覧

01 生徒指導提要って なんですか？

『生徒指導提要［デジタルテキスト版］』（以下，『提要』）とは，一体なんでしょうか。この基本中の基本の疑問を解くには，『提要』の歴史を知る必要があります。『提要』の大元は，文部科学省が文部省と呼ばれていた時代に刊行した『生徒指導の手びき』（1965）までさかのぼります。

① 生徒指導のガイドラインとしての『生徒指導の手びき』

生徒指導は，日本の学校教育においては，学習指導と並ぶ重要な教育活動として位置付けられていました。よく生徒指導と学習指導は，車の両輪と言われていました。

学習指導は，みなさんが知っているように，学習指導要領という文部科学省が示したカリキュラムの基準があります。そのため，全国の学校で行われる学習指導は，教科書が異なっていても内容は同一です。また，学習指導要領は，法的拘束力を持っています。

では，生徒指導はどうでしょうか。『提要』の大元となる文部省の『生徒指導の手びき』のまえがきに，次のような記述があります。

本書は，「生徒が，それぞれの持つ素質，環境，生育歴，将来の進路などに即して，現在の生活に適応し，個性を伸長させていくとともに，将来社会の中で自己実現が図れるような資質，態度を育成していくうえに，人間形成の場としての学校教育のために，一つの指針となるであろう。」

この記述から分かるように，同書は，校長や教員を含め全ての教職員に，生徒指導を正しく理解し実践する上での，ガイドライン（大まかな指針）だ

という位置付けです。その後，同書の改訂版『生徒指導の手引（改訂版）』が1981年に刊行されました。改訂版でも，同様の記述です。

　そして，2010年に文部科学省から『生徒指導提要』（以下，旧版）が刊行されるまで，同書は学校現場で長らく生徒指導のバイブルと言われ使用され続けてきました。

② 生徒指導の共通教科書としての『生徒指導提要』

　では，『提要』は，なんのために作られたのでしょうか。その答えは，旧版のまえがきにあります。以下，その抜粋です。

　「小学校段階から高等学校段階までの生徒指導の理論・考え方や実際の指導方法等について，時代の変化に即して網羅的にまとめ，生徒指導の実践に際し教員間や学校間で教職員の共通理解を図り，組織的・体系的な生徒指導の取組を進めることができるよう，生徒指導に関する学校・教職員向けの基本書として，この『生徒指導提要』を取りまとめました。」

　この記述から分かるように，生徒指導提要は，時代の変化に即した小学校から高等学校までの生徒指導に関する基本的な考え方や理論，実際の指導法などに関する網羅的で体系的な基本書，すなわち共通教科書だと捉えることができます。このスタンスは，『提要』のまえがきにも同様の記述があり，引き継がれています。今後は，学習指導は学習指導要領に基づき実践され，生徒指導は『提要』に基づいて実践されるでしょう。

[参考文献]
文部省『生徒指導の手びき』，1965年
文部省『生徒指導の手引（改訂版）』，1981年
文部科学省『生徒指導提要』，2010年

（八並　光俊）

02 なぜ「改訂」されたのですか？

　『提要』は，旧版から12年ぶりの改訂ということで，マスコミやインターネットで大きな話題となりました。では，なぜ今，改訂されたでしょうか。大きな理由としては，旧版の内容に大きな問題が生じたからです。また，旧版の知名度や使用率の低さも一因となっています。

① 旧版の実務遂行上の問題点

　旧版は，生徒指導を実際に実践していく上で，致命的な問題を抱えていました。改訂では，その問題を解決するというのが大きな理由です。具体的には，次の理由があります。

（I）内容面での致命的問題点

　旧版は内容面において，2010年の刊行後から数年で，学校現場での実践において活用に耐えられない状態だったということです。典型例としては，平成25（2013）年にいじめ防止対策推進法が，公布・施行されました。時系列から考えると当然ですが，同法は旧版の刊行後なので，カバーされていません。これに対して，文部科学省は，旧版の PDF や市販されていた冊子体の修正はしませんでした。

　また，旧版では，第6章「生徒指導の進め方」Ⅱ「個別の課題を抱える児童生徒への指導」で，いじめ・暴力行為・不登校などの諸課題を扱っていますが，分量的には多くが2頁から3頁程度です。この分量で，諸課題の基本的視点（例えば，不登校では社会的自立が目標など），生徒指導体制，未然防止，組織的対応方法などがコンパクトに記述されています。しかし，実践

に活用できるかというと，簡潔すぎて無理があります。

（2）時代の教育に呼応した生徒指導への希求

いじめ防止対策推進法以降も，生徒指導関連の法律の成立や各種重要通知の発出，令和5年施行のこども基本法（令和4年6月国会で成立），平成27年のいわゆる中央教育審議会の「チーム学校」や平成31年の「働き方改革」の公表，平成29・30・31年の「学習指導要領」の告示，令和3年の中央教育審議会の「令和の日本型学校教育」の公表と，学校教育は激変しました。特に，小・中・高等学校及び特別支援学校の学習指導要領では，総則において，児童・生徒の「発達の支援」が新設され，生徒指導の充実（幼稚園を除く）が全学校種で明記されました。

これらの全てにおいて，生徒指導は常に問題視され，なかでもいじめ，不登校，自殺，児童虐待は，喫緊の社会問題として未然防止が強調されています。そのため，今回の改訂は，こうした時代のニーズや文部科学省の教育政策の要請に応えようとするものです。

② 生徒指導の共通教科書の必要性

『提要』は，国が作成した生徒指導の基本書，すなわち生徒指導の共通教科書です。旧版は紙の冊子体でも300円以下という安価であったにもかかわらず持っていない，その存在も知らない教職員も多いというのが実態でした。また，文部科学省において，PDFで公開していることも知らない教職員が多いという状況でした。その意味で，設置者や校種を越えて，教職員が無償で，便利に使用できる生徒指導の共通教科書が必要でした。

生徒指導は，教員養成段階の学部教育で必修となっていますが，関連法規の公布や通知文の公表は不定期になされます。そのため，採用後も即時的かつ継続的に最新情報に基づく自己学習の必要があります。つまり，教職員の主体的な学びを促進する生徒指導の共通教科書が必要となったのです。

（八並　光俊）

03 一番の改訂点は なんですか？

　『提要』と旧版の違いは，大きく形式面と内容面に分けられます。前者は，見た目や使い勝手です。後者は，取り扱っている内容そのものです。『提要』は，旧版の改訂版なので，ベースは旧版の構成や内容となっていますが，300頁という分量からも想像できるように新版といってよいものです。

① 形式面と内容面での二つの特色

　『提要』の旧版とは大きく異なる見た目や使い勝手の形式面や，内容面での特色としては，以下の二つがあります。

（1）デジタルテキストによる高い利便性

　『提要』は，旧版と異なりフルカラーのPDFによるデジタルテキストで無償公開されています。旧版は，モノクロのPDFもしくは市販の冊子体（表紙のみカラー）です。同じPDFでも，見た目が大きく変わり，フォントサイズも大きく，図表も多く視認性や分かりやすさに配慮しています。PDFですから，拡大縮小も自由自在です。

　また，現代の教職員のライフスタイルを考慮して，PC，タブレット，スマートフォンを用いて，いつでも，どこでもすぐに閲覧ができます。また，重要事項や関連事項に，ハイパーリンクを埋め込んでいるので，ネット環境があれば即時的に法律や通知文の原典や関連情報を確実に閲覧することができます。そのため，研修や自学自習にすぐに活用することができます。

（2）生徒指導課題の定型的構成による一貫性

　『提要』は，全体で2部構成になっています。具体的には，第1部「生徒

指導の基本的な進め方」を理論編（第1章から第3章），第Ⅱ部「個別の課題に対する生徒指導」を課題別実践編（第4章から第13章）としています。なお，第13章「多様な背景を持つ児童生徒への生徒指導」は，旧版にはない生徒指導上の現代的課題です。

　第Ⅱ部は，いじめなどの各課題を，原則的に〔関係法規や通知等〕・〔組織体制と計画〕・〔未然防止・早期発見・対応・困難課題対応〕・〔関係機関等との連携体制〕という項目で構成しています。これによって，各課題を偏りなく包括的に学習できます。

② 内容面での四つの特色

　『提要』の旧版と異なる内容面での特色としては，以下が挙げられます。

（1）子供主体と多様性の尊重

　生徒指導というと，校則指導のように教職員から子供への指導という上から目線のイメージが強いですが，『提要』では教育基本法における学校教育の目的や児童（子ども）の権利条約を踏まえて，子供の人権を尊重しながら，彼らの主体的成長や発達を，教職員が支えるという子供と同じ目線です。なお，旧版では，児童（子ども）の権利条約は，取り上げていません。

　言い換えると，教職員は，子供と並走しながら，教育的で専門的なサポートをする専門的サポーターという位置付けです。また，子供の成長や発達の多様性，性の多様性など一人一人の多様性を尊重します。

（2）リーガル・ナレッジの習得とコンプライアンスの徹底

　近年の生徒指導のトラブルは，法律による対応や解決が一般的となっています。これを，法化現象と言います。そのため，現代の生徒指導では，いじめ防止対策推進法をはじめとする法律に関するリーガル・ナレッジ（法知識）の確実な習得とコンプライアンス（法令遵守）の徹底が求められます。子供の自死という悲劇を繰り返さないためにも，『提要』の各章で示された法規や通知文を理解しておく必要があります。

（3）多様な背景を持つ子供への生徒指導

2007年から特別支援教育が開始され，通常学級における発達障害の子供たちへの生徒指導が推進されています。他方，自死の要因として，うつ病，統合失調症，摂食障害などの子供の精神疾患や健康問題が指摘されてきました。さらに，家庭の貧困や複雑な人間関係下にいる子供や外国籍の子供の支援も，現代的課題だと言えます。そのような子供たちに対する支援のポイントを明記したことも，大きな特色の一つです。

（4）チーム支援と地域社会総がかりの生徒指導の推進

『提要』において，生徒指導の組織的対応方法として全面的に打ち出しているのが「チーム支援」です（Q09とQ17を参照）。チーム支援自体は，決して新しいものではありません。昔も，学校と関係機関等の連携・協働による組織的対応として実践されていました。

今回の『提要』では，子供の実態把握，つまり，アセスメントに基づく組織的取組と，校長のリーダーシップの下，学校・家庭・地域（関係機関等を含む）がチームとなり，コミュニティ・スクールや地域学校協働活動などを活用した地域社会総がかりの生徒指導の推進を明記している点が，旧版とは大きく異なります。

③ 「生徒指導の基礎」中の基礎

『提要』の第１部「生徒指導の基本的な進め方」・第１章「生徒指導の基礎」は，本書を貫く中核部分です。そこで大切となる点を，二つ取り上げてみます。

（１）生徒指導の定義と目的の明確化

最大の特色は，生徒指導の定義と目的（Q05を参照）を明確にしたということです。旧版では，「生徒指導の意義」において，定義に相当する記述がありましたが，『提要』では定義と目的を分けて明示されました。

この生徒指導の定義と目的から，「生徒指導は，児童生徒が自身を個性的存在として認め，自己に内在しているよさや可能性に自ら気付き，引き出し，

伸ばすと同時に，社会生活で必要となる社会的資質・能力を身に付けることを支える働き」(『提要』p.12，以下引用部は頁数のみを記載する）であり，生徒指導を通して子供は自己指導能力の獲得を目指します。

　また，自己指導能力とは，子供が「深い自己理解に基づき，『何をしたいのか』，『何をするべきか』，主体的に問題や課題を発見し，自己の目標を選択・設定して，この目標の達成のため，自発的，自律的，かつ，他者の主体性を尊重しながら，自らの行動を決断し，実行する力」(p.13)のことを指しています。

　要約すると，生徒指導は，子供の最善の利益を考慮して，子供一人一人の幸福追求（well-being）と社会的自己実現を支えるために行われる重要な教育活動です。

（2）重層的支援構造による組織的・計画的生徒指導

　生徒指導を組織的・計画的に実践するために，2軸3類4層からなる重層的支援構造モデルを提示しました（Q06を参照）。旧版の類似の分類を，時間軸，課題性，対象範囲から再構築して，名称も変えました。

　重層的支援構造モデルから言えば，今後の生徒指導では，全ての子供を対象にした常態的・先行的なプロアクティブ生徒指導へのシフト，すなわち，発達支持的生徒指導や課題予防的生徒指導〔課題未然防止教育〕の推進が焦点になっていくと予想します。

　言い換えると，従来の事後対応的で即応的・継続的な「直す・関わり続ける」リアクティブ生徒指導から，日頃の授業・体験活動での感動・発見・創造・協働や課題未然防止教育を重視した「育てる」プロアクティブ生徒指導に力点をおくことが大切です。

　なお，重層的支援構造の支柱となるのは，児童生徒理解（アセスメント）と学級・ホームルーム経営です。他方，専門的サポーターである教職員にとって必要なことは，チーム支援の心理的絆となる信頼的・相互扶助的な同僚性です。教職員集団の高い凝集性が実践上の鍵となります。

（八並　光俊）

04 改訂されたことにより, どのような影響が出ますか？

『提要』は，生徒指導の共通教科書です。そのため，『提要』の影響力は，学校現場の教職員だけでなく，教育学部や教職課程で教員を目指している学生や，スクールカウンセラー（以下，SC）やスクールソーシャルワーカー（以下，SSW）を目指している学生にも大きな影響を与えます。その点を踏まえて，どう変わるか整理してみました。

① 教職員の養成・採用・研修への影響

即効的に生じると予想されるのは，教職員の養成・採用・研修への大きな影響です。『提要』は，学習指導要領のような法的拘束力はありませんが，国が公表した生徒指導の共通教科書として位置付けられることから，次の3点が生じると思います。

（1）養成段階での教科書

生徒指導は，教員養成学部や教職課程のカリキュラムでは必修です。そのため，多くの教員養成系の大学学部段階で教科書として使用されることは，容易に予想できます。同様に，SCやSSWの養成大学でも，教科書として使用されるでしょう。また，『提要』は，現役の教職員向けに作成されていますが，教職に就く以前に基本的知識として理解しておくことが必須です。

（2）採用段階での試験問題

『提要』は，公立学校の教員採用試験に出題されるでしょう。具体的には，一次選考での教職教養問題や二次選考での個別面接，集団討議，小論文などで，『提要』に基づく問題が出題されると予想します。また，公認心理師な

どの国家資格試験でも問題として出題されるでしょう。

（3）研修段階での教科書及び参考資料

　学校の教職員向けの研修時に，教科書や参考資料として『提要』が活用されるでしょう。主な研修としては，初任者研修・中堅教諭等資質向上研修などの義務研修，管理職研修・生徒指導主事研修・教育相談コーディネーター研修，いじめなどの各個別課題の研修があります。この他，SC，SSW，SL（スクールロイヤー）などの職員向けの研修でも，『提要』が使用されると予想します。

② 生徒指導実践への影響

　学校現場の生徒指導実践では，どのような影響が出るのでしょうか。教育委員会レベルと学校レベルの二つの観点から指摘します。

（1）教育委員会レベルでの影響

　多くの教育委員会の生徒指導担当課や教育センターでは，当該自治体独自の生徒指導ガイドブックやリーフレットなどを作成しています。今回，『提要』によって，定義や内容の大幅な改訂がなされ，なおかつ，諸課題の対応等が明記されたことによって，それらを刷新する必要が生じます。同時に，それに基づいた生徒指導実践の推進が求められると予想します。

（2）学校レベルでの影響

　学校の全教職員が，『提要』をダウンロードして，それに基づいて自校の生徒指導実践の計画，実践，研修，評価を組み立てていくと思われます。また，『提要』は教育委員会，児童相談所などの関係機関スタッフの必読書となります。さらに，保護者や地域住民も，ダウンロードして閲覧や学習が可能なので，チーム学校を推進していく上での共通理解資料となるでしょう。

（八並　光俊）

05 生徒指導の定義と目的はなんですか？

① 生徒指導の定義

　『提要』では，生徒指導は，「児童生徒が，社会の中で自分らしく生きることができる存在へと，自発的・主体的に成長や発達する過程を支える教育活動のことである。なお，生徒指導上の課題に対応するために，必要に応じて指導や援助を行う。」(p.12) と定義されています。児童生徒の特定の課題を想定しない場合は，「支える」または「支持する」とします。児童生徒の特定の課題に関しては，「指導する」，「援助する」とします。そして「支える」，「支持する」と「指導する」，「援助する」を，包括的に「支援する」と表します。つまり生徒指導は「生徒支援」と呼べるのです。

② 生徒指導の目的

　「生徒指導は，児童生徒一人一人の個性の発見とよさや可能性の伸長と社会的資質・能力の発達を支えると同時に，自己の幸福追求と社会に受け入れられる自己実現を支えること」を目的としています (p.13)。『生徒指導の手びき』(1965) から旧版までは，生徒指導は「個性の伸長」を目指すとされていました。「個性」は「その人らしさを示すのに特有な性行・性質・特徴」と理解されます（高橋，2021）。『提要』では「個性の発見とよさや可能性の伸長」となりました。それは「個性」の定義が拡大されたからだと思います。「強いところ・弱いところ・育ちつつあるところ」という発達の状況が含まれ，家庭の状況や文化などが関連することを踏まえています。第Ⅱ部では，

いじめ，不登校，少年非行などはもちろん，児童虐待，性的マイノリティ，発達障害など多様な課題や背景のある子供の理解・支援が取り上げられています。『提要』は，子供の多様性を尊重し，個人の特性や状況に応じた支援を行うと宣言したと言えます（石隈，2023）。

③ 生徒指導の実践上の視点

　多様な教育活動を通して児童生徒が主体的に多様な他者と協働しながら成長するのを支えるために留意する，生徒指導の実践上の視点を挙げます。

①自己存在感の感受：学校生活のあらゆる場面で「自分も一人の人間として大切にされている」と感じるようにすることです。

②共感的な人間関係の育成：学級・ホームルームづくりの早期に，自他の個性を尊重し，相手の立場に立って考え，行動できる共感的な人間関係をつくることです。

③自己決定の場の提供：授業場面等で自らの意見を述べる，調べ学習等を通じて自己の仮説を検証するなど，自ら考え，選択し，決定する等の体験をする場をつくることです。

④安全・安心な風土の醸成：児童生徒一人一人が，個性的な存在として尊重され，学級・ホームルームで安全かつ安心して学校生活を送ることができるような配慮です。

［参考文献］
高橋祐介「個性」子安増生・丹野義彦・箱田裕司監修『有斐閣 現代心理学辞典』有斐閣，2021年，pp.242-243
石隈利紀「学校心理学から見た生徒指導のこれから」『月刊日本教育』555号，日本教育会，2023年，pp.14-17

（石隈　利紀）

06 重層的支援構造（2軸3類4層）とはなんですか？

① 重層的支援構造（2軸3類4層）

『提要』では，2軸3類4層の重層的支援構造を柱としています。これは旧版における「成長を促す指導，予防的な指導，課題解決的な指導」の3階建て支援構造を発展させたものです。

第一に「2軸」とは，児童生徒の課題への対応の時間軸に着目したもので，「常態的・先行的（プロアクティブ）生徒指導」と「即応的・継続的（リアクティブ）生徒指導」です。プロアクティ

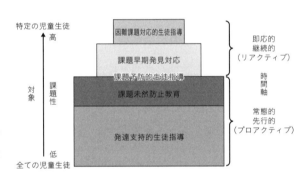

ブ生徒指導は，日常的な生徒指導を基盤とする積極的生徒指導です。そしてリアクティブ生徒指導は，児童生徒の課題の予兆的段階や深刻な課題に対して支援を行う生徒指導です。

第二に「4層」とは，生徒指導の対象に焦点を当てた，学級や学校の全ての児童生徒への「発達支持的生徒指導」と「課題未然防止教育」，課題の予兆やリスクのある一部の児童牛徒への「課題早期発見対応」，深刻な課題を持つ特定の児童生徒への「困難課題対応的生徒指導」です。旧版における「全ての児童生徒を対象とする成長を促す指導」が「発達支持的生徒指導」

と「課題未然防止教育」に分けられました（p.19）。

　第三に「3類」とは，生徒指導上の課題性の高低と対応の種類から，予防に焦点を当て，「課題未然防止教育」と「課題早期発見対応」を「課題予防的生徒指導」としてまとめています。「発達支持的生徒指導」，「課題予防的生徒指導」，「困難課題対応的生徒指導」で三つの分類としています。

② 「全ての児童生徒」への生徒指導

　全ての児童生徒を対象とする生徒指導には，「発達支持的生徒指導」と「課題未然防止教育」があります。

（1）発達支持的生徒指導

　発達支持的生徒指導は，全ての児童生徒を対象に発達を支える働きかけであり，生徒指導の土台となるものです。「発達支持的」とは，児童生徒が自発的・主体的に自らを発達させていくことが尊重され，その発達の過程を学校や教職員が支えるという視点に立っています。つまり子供の発達の多様性に着目して，子供のペースで発達していくのを支えるという意味です。発達支持的生徒指導の土台には，『提要』の四つの視点（自己存在感の感受，共感的な人間関係の育成，自己決定の場の提供，安全・安心な風土の醸成）による学級・学校づくりがあります（pp.14-15）。発達支持的生徒指導では，日々の教職員の児童生徒への声かけ，励まし，対話などを通して，自己理解力，コミュニケーション力，思いやり，人間関係形成力，課題解決力などの発達を支援します。ソーシャル・エモーショナル・ラーニング（SEL：社会性と情動の学習）は，発達支持的生徒指導の枠組みとなります（p.26）。

（2）課題未然防止教育

　課題未然防止教育は，全ての児童生徒を対象に，生徒指導の諸課題の未然防止をねらいとして行われる生徒指導です。いじめ防止教育，SOSの出し方教育を含む自殺予防教育，薬物乱用防止教育，生命（いのち）の安全教育，また中学校・高校への円滑な移行支援などを指します。管理職と生徒指導主事等生徒指導のマネジメントを行うリーダーが，課題未然防止教育を，学

級・ホームルーム活動や行事などの特別活動，保健体育など各教科や道徳科などの年間指導計画に位置付けることが重要です。

③ 課題の予兆やリスクのある「一部の児童生徒」への課題早期発見対応

　課題早期発見対応は，児童生徒の発達や学校生活におけるつまずきや課題のリスクを早期に発見して，課題が大きくなり児童生徒の発達を妨害することのないように対応する生徒指導です。課題の予兆やリスクのある一部の児童生徒が対象になります。

　児童生徒への丁寧な関わりと観察を通じて，学業成績の変化・言動の変化（遅刻・早退が多くなる等）・態度や行動面の変化（行動の落ち着きのなさ等）・身体に表れる変化（頭痛，下痢等）（p.83）などの課題の予兆のサイン（SOS）に気付くことです。また，具体的にいじめ，自殺，暴力，性の問題に関する予兆の発見も必要です。一方，課題のリスクのある児童生徒には，『提要』第13章で取り上げている，発達障害，精神疾患，健康課題のある児童生徒，また支援を要する家庭の児童生徒が含まれています。課題の予兆の発見には，観察（授業や行事の様子，作品など），面談，さらにいじめアンケートのような質問紙などが有用です。ICT の活用も考えられます。

　早期発見対応として，学級・ホームルーム担任（以下，担任）等の機動的連携型支援チームだけでなく生徒指導主事等による校内連携型支援チームがスクリーニング会議を行い，課題の予兆やリスクのある児童生徒のリストを作成して，早期の対応（学習面，心理社会面に関する支援等）を即時的に行うことが必要です（p.21）（Q09参照）。

④ 深刻な課題を持つ「特定の児童生徒」への困難課題対応的生徒指導

　困難課題対応的生徒指導は，学校生活や発達の過程で困難な課題に苦戦している特定の児童生徒を対象として，児童生徒が課題に取り組みながらよさ

や可能性（自助資源）を伸ばし，学校・家庭・地域の援助資源を活用して，発達していくよう支援する生徒指導です。困難な課題には，不登校（長期の欠席），いじめ被害，自殺，非行，児童虐待などが含まれます。「課題解決」の代わりに「困難課題対応」という用語が使われる背景には「不登校や発達障害は解決すべき問題なのだろうか」という問いがあります（石隈，2023）。課題対応の支援の方が，生徒指導の実践をよりよく表しています。

　困難課題対応的生徒指導は，児童生徒や保護者と相談しながら，機動的連携型支援チーム，校内連携型支援チームはもちろん，関係機関等との連携・協働によるネットワーク型支援チームを編成して，計画的・組織的・継続的な支援を行うことが求められます（p.21）。一人一人の児童生徒の状況のアセスメントとそれに基づく，「児童生徒理解・支援シート」（不登校等の場合），「個別の指導計画」，「個別の教育支援計画」などが鍵となります。

⑤　積み上げと円環

　重層的支援において重要なことは，全ての児童生徒への発達支持的生徒指導と課題未然防止教育が基盤になり，一部の生徒への課題早期発見対応が付加され，さらに特定の児童生徒への困難課題対応的生徒指導が積み上げられることです。つまり「みんなの支援が（苦戦する）一人の支援」になります。

　また，重層的支援は，円環的でもあります。課題早期発見対応や困難課題対応的生徒指導には，学校，家庭，地域における生徒指導の課題を考えるヒントがあります。困難課題対応的生徒指導等の知見を活用して，発達支持的生徒指導や課題未然防止教育を改善していくことが，生徒指導上の充実や諸課題の未然防止や再発防止につながります（p.23）。つまり「（苦戦する）一人の支援がみんなの支援」になるのです。

［参考文献］
石隈利紀「チーム学校による生徒指導―児童生徒の主体性と意見を活かす」「月刊生徒指導」編集部編『生徒指導提要（改訂版）―全文と解説』学事出版，2023年，pp.13-17
石隈利紀・家近早苗『スクールカウンセリングのこれから』創元社，2021年

（石隈　利紀）

07 児童生徒理解のための ポイントはなんですか?

　児童生徒理解は，適切な生徒指導を計画し実践する基盤となります。同時に生徒指導を行いながら，児童生徒理解が進むとも言えます。

① 児童生徒理解とは

　児童生徒理解は，「アセスメント」として捉えることができます。アセスメントは，児童生徒の発達や課題に関連する状況について情報を収集して，分析し，共有することです。それは生徒指導における支援目標や方法を決定するための資料を提供するプロセスと言えます。

　児童生徒の発達について包括的なアセスメントを行います（p.23）。

- **学習面**：知能・学力，興味・関心・学習意欲，得意な学習スタイル等
- **心理面**：自己肯定感，自信・劣等感等
- **社会面**：友人・教職員・家族との人間関係，集団適応等
- **進路面**：進路意識・将来展望等
- **健康面**：生活習慣・メンタルヘルス等

② 児童生徒理解（アセスメント）の方法

　児童生徒理解の方法を紹介します。

（1）観察

　授業中，学級・ホームルーム活動の時間，行事の時間で，児童生徒の言動を観察し，メモや記録をつくることです。学級全体の様子を見ることも，気になる児童生徒一人一人に焦点を当てることもあります。児童生徒の課題の

提出物，また日記，作文，絵などの作品も，観察の対象です。

（2）面談

　児童生徒との定期面談や時折の面談，また三者面談は，児童生徒理解の貴重な機会です。面談では，受容的かつ共感的に傾聴することを心がけます。

（3）質問紙調査

　観察や面談で見落とした児童生徒の SOS を把握するために役立ちます。生活実態調査，進路希望調査，いじめアンケートなどの結果は，校内連携型支援チーム等で分析して，課題早期発見対応等に関する判断につなげます。

（4）心理検査

　集団式の学力検査・知能検査は全ての児童生徒を理解する資料になります。また必要に応じて個別の知能検査などは，児童生徒理解の困難課題対応的生徒指導のための「個別の教育支援計画」の作成に使われます。

（5）文書精読

　学校内には出欠・遅刻・早退の記録，保健室利用状況の記録，引継ぎ文書等があります。また児童相談所や病院から，児童生徒の状況について報告書が届くこともあります。文書の精読は児童生徒理解に役立ちます。

③ 支援チームによる児童生徒理解

　児童生徒理解は，日々の生徒指導実践の資料となります。そして機動的連携型支援チーム，校内連携型支援チーム，ネットワーク型支援チームで，課題のある児童生徒理解の情報を共有して，「何を目標に（長期目標と短期目標），誰が（支援担当者や支援機関），どこで（支援場所），どのような支援を（支援内容や方法），いつまで行うか（支援期間）」を記載した「個別の支援計画」を作成するのです。児童生徒理解に基づきチーム支援を計画し，そしてチーム支援を実践しながら児童生徒理解を深めるのです。

（石隈　利紀）

08 集団指導・個別指導 それぞれで気をつける ことはなんですか？

　児童生徒は，学級・ホームルーム活動，部活動・クラブ活動，学校などの「集団」で育っていきます。集団指導と個別指導は，安心・安全でモラルの高い集団に支えられて個が育ち，個の成長が集団の教育力を発展させるという相互作用を前提としています。集団と個に対する生徒指導は，児童生徒のよさや可能性を伸ばし，社会で自立するために必要な力を身に付けることができることを目的とします。

① 集団指導

　集団指導は，児童生徒が社会の一員として自覚と責任を自覚して，他者と協調し，集団の目標達成に貢献する態度を育てるようにします。そのために教職員は，集団指導において，児童生徒が①安心して生活できる，②個性を発揮できる，③自己決定の機会を持てる，④集団に貢献できる役割を持てる，⑤達成感・成就感を持つことができる，⑥集団での存在感を実感できる，⑦他の児童生徒と好ましい人間関係を築ける，⑧自己肯定感・自己有用感を培うことができる，⑨自己実現の喜びを味わうことができるようにします。

　集団指導において，児童生徒の多様性に配慮することが求められます。今日は，児童生徒の発達や家庭などの背景が多様になり，集団は多文化から構成されています。発達障害のある児童生徒や貧困家庭の児童生徒などは，学習面や心理社会面で課題があったり，そのリスクが大きかったりすることがあります。また，外国につながりのある児童生徒にとっては，日本の学級・ホームルーム活動や給食・掃除当番などでは，とまどうことも多いと思われ

ます。多様な背景のある児童生徒が安心して参加し，存在感を実感できるように，集団活動の計画・実践における配慮が必要です。特に集団活動への参加で苦戦している児童生徒について，「怠けている」，「社会性が低い」と決めつけないで，児童生徒の背景を理解して，児童生徒のよさや可能性を伸ばすよう集団指導をすることが望まれます。その際，苦戦している児童生徒への配慮（例：班づくりの工夫）が学級やホームルーム活動での集団指導にとってもプラスになるように検討したいものです。

② 個別指導

　生徒指導上の課題のある児童生徒には，個別指導が必要です。個別指導には集団から離れて行う指導と，集団指導の場面における個への配慮があります。集団での個への配慮は，集団指導における配慮で述べました。

　児童生徒のいじめや非行の被害・加害，不登校，また学校危機において不安が高くなった場合などに関しては，集団から離れて行う指導が適切なことがあります。教員とSC，SSWのチームで役割分担しながら，児童生徒の発達や課題の状況についてアセスメントを行い，個別面談，保護者の面談等を行います。個別指導の場としては，相談室，保健室，また特別支援教育のニーズのある場合は，通級による指導などがあります（石隈・家近，2021）。

　個性を認め尊重することが，『提要』の柱となります。多様な特性や文化を持つ児童生徒への集団指導・個別指導は，新しい教育課題と言えます。チーム学校を通して，全ての児童生徒のよさや可能性を伸ばす，誰一人取り残さない生徒指導が求められているのです。

［参考文献］
石隈利紀・家近早苗『スクールカウンセリングのこれから』創元社，2021年

（石隈　利紀）

09 生徒指導における チーム支援には どのようなものが ありますか?

　児童生徒の課題は，SNSの普及など社会の変化に伴い年々複雑化，多様化，深刻化しています。そのため組織的にチームで対応する必要があります。チーム支援は『提要』改訂の重要な柱の一つです。

① チーム支援による組織的対応

　チームで行う支援チームには三つの形態があります（p.92 図参照）。

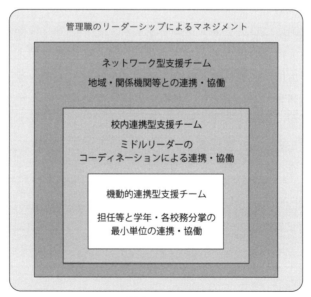

図　支援チームの形態

（1）機動的連携型支援チーム

担任が一人で抱え込まずに生徒指導主事等と連携して協働します。必要なときにすぐに立ち上げることができる最小単位の個別の支援チームです。

（2）校内連携型支援チーム

児童生徒の課題が困難な場合には，生徒指導主事や教育相談コーディネーター，学年主任，養護教諭，SC，SSW等学校内の教職員が連携・協働して対応します。生徒指導部会，教育相談部会など，学校全体の支援のコーディネーションを定期的に行うチームです。

（3）ネットワーク型支援チーム

さらに深刻な課題の場合には，校外の関係機関等と連携・協働して継続的に支援を行います。重大な事態が発生した場合には，多職種によるネットワーク型緊急支援チームとして危機対応を行います。

上記の支援チームが学校内で機能するためには，管理職のリーダーシップが鍵となります。

② チーム支援の留意点

（1）合意形成と目標の共通理解

チーム支援を開始する際には，「なんのために」，「どのように進めるのか」等について保護者や児童生徒に説明し合意を得てから開始します。

（2）守秘義務と説明責任

チームメンバーには，知り得た情報に対する守秘義務（集団守秘義務）があります。さらに，チームメンバーには，保護者や地域に対する説明責任もあり，開示請求があった場合には応える必要があることに留意します。

（3）記録保持と情報セキュリティ

支援の記録は規定の期間保持します。その際，各自治体が定める教育情報セキュリティポリシーに沿って保存する必要があります。

（田村　節子）

10 生徒指導における基盤とはなんですか？

　生徒指導における基盤とは，生徒指導の中核を担う教職員がお互いに支え合い，高め合う協働的な関係を指します。これを同僚性と言います。ここでは同僚性の重要性についてお伝えし，生徒指導の基盤に関連する事項についても説明します。

① 教職員集団の同僚性

（1）教職員同士の良好な人間関係の促進

　生徒指導でチーム支援等を効果的に行うためには，日頃から楽しく雑談したり，困ったときには相談にのってもらえたりするような温かい援助的な人間関係が教職員同士にあることが不可欠です。日頃から良好な人間関係があると，何かあった際には一体となって迅速に組織的に活動することができます。このことが児童生徒への質の高い支援につながります。

（2）教職員のメンタルヘルス

　教職員のメンタルヘルス不調は年々深刻になっています。精神疾患による病気療養者は，年間5,000人前後と高い水準で推移しています。

　自分の不安や困り感を同僚等に話して助けを求められないと，その苦しみは非常に大きなものになります。お互いに悩みを聞き助け合える同僚がいる職場は大きな安心感につながります。同僚性を高めることは，自分のメンタルヘルスを守ると同時に，生徒指導を促進するためにも必要不可欠です。

② 生徒指導マネジメント

（１）PDCA サイクルによる取組

　PDCA サイクルにより生徒指導を切れ目なく，効果的に実践するために，生徒指導の重点目標等を立てます。目標を基盤にして生徒指導計画（Plan）を立て，計画に沿って実践し（Do），その実践を評価し（Check），改善（Action）すべきところを次年度への対策につなげます。この PDCA サイクルを循環させることで，最初に立てた生徒指導計画がよりよいプランになっていきます。

（２）PDCA サイクルでの留意点

　PDCA サイクルがうまくいくためには，管理職のリーダーシップや，保護者の学校理解等が鍵となります。①校長が明確なビジョンを示し一体感を醸し出すこと，②管理職による教職員のモニタリングを行うこと，③保護者の学校・教職員理解を促進すること等に留意します。

③ 家庭や地域の参画

　生徒指導は，「社会に開かれた生徒指導」として家庭を含めて地域全体で取り組むと成果がより一層期待できます。コミュニティ・スクール（学校運営協議会制度）や地域学校協働活動が代表的な取組です。

　コミュニティ・スクールでは，保護者や地域住民が学校運営等に加わります。学校教育に保護者や地域住民の意見を取り入れることで，児童生徒の学びや体験活動が充実します。保護者同士の結び付きも強くなり，地域の教育力強化にもつながります。地域学校協働活動は，地域の人材を生かし学校を核とした地域づくりを目指すものです。郷土学習，放課後教室，部活動の補助，体験活動の出前授業など多岐にわたって児童生徒の学びと成長を支えます。

[参考文献]
文部科学省「令和３年度公立学校教職員の人事行政状況調査について」，2022年

（田村　節子）

11 生徒指導に取り組むに当たって特に留意すべきことはなんですか？

みなさんが生徒指導を行う上で知っておくべき留意点が四つあります。知っていると知らないとでは生徒指導の質や方向性が明らかに異なります。

① 児童生徒の権利の理解

第一の留意点は，児童生徒を守る法律です。最も知っておかなくてはならないのは，児童の人権に関わる条約です。

（1）児童の権利に関する条約

「児童」とは18歳未満の全ての者を指します。児童の権利には，次の四つの原則があります。①差別の禁止，②最善の利益の考慮，③生命・生存・発達に対する権利の確保，④意見表明の権利です。特にいじめなど困難課題は，児童生徒の人権を著しく侵害するため条約に基づいて対応します。

（2）こども基本法

生徒指導を行う上で，四つの基本理念（第3条第1号～第4号）を理解しておくことが求められます。①基本的人権の保障と差別の禁止，②適切に養育され，教育を受ける機会が等しく与えられること，③意見を表明し社会活動に参画する機会の確保，④意見が尊重され最善の利益が優先されることです。

（3）義務教育の段階における普通教育に相当する教育の機会の確保等に関する法律

不登校の児童生徒が不利益を被らないように施行された法律です。教育基本法や児童の権利に関する条約の趣旨に則っています。これまで学校への登

校刺激のみを目的にしがちでした。「学校以外で学習のできる環境」や「不登校児童生徒の休養の必要性」が認められていることに留意します。

② ICT の活用

　第二の留意点は，GIGA スクール構想を踏まえた ICT の活用です。校務系のデータ（出欠情報やテストの結果等）と，学習系のデータ（学習記録やアンケート等）を組み合わせ客観的に分析・検討することができます。生徒指導と学習指導を関連付けることで，課題のある児童生徒の早期発見・対応が可能となり，不登校児童生徒への支援にも活用することができます。

③ 幼児教育との接続

　第三の留意点は，幼児教育の成果と小学校教育との円滑な接続です。「健康な心と体，自立心，協同性」等の「幼児期の終わりまでに育ってほしい姿」を踏まえ，新たな環境に順応し安心して小学校生活を送れるように支えます。小学校生活では，幼児期の遊びを中心とした発達支援を基盤に，自分で考え，選択や行動をして他者とも協働できる土台づくりを行います。

④ 社会的自立に向けた取組

　第四の留意点は，社会的自立に向けた取組です。成年年齢が2022年4月から満18歳に引き下げられました。生徒指導は「児童生徒が，社会の中で自分らしく生きることができる存在へと，自発的・主体的に成長や発達する過程を支える教育活動」と定義されています（p.12）。児童生徒への関わりは社会的自立がゴールであることを常に念頭におくことが求められます。

（田村　節子）

12 児童生徒の発達を支えるような教育課程の在り方とはどのようなものですか？

　学校が編成する教育課程は，その活動の多くが「授業」という形で行われます。そのため，教育課程は学習指導の場というイメージが強く働きます。しかし，「授業」が成立し学習指導の目的を達成する上で，生徒指導の働きが欠かせません。例えば，教員と児童生徒との信頼関係や児童生徒相互のよりよい人間関係を育てること，児童生徒理解に努めること，各教科の学びを通して社会的・職業的自立を目指すこと，一人一人の児童生徒の特性等を十分理解して指導すること等です。

　したがって，児童生徒の発達を支援するような教育課程とするためには，学習指導と生徒指導を関連付け，両者の充実を図るようにすることが重要です。

① 学習指導要領「総則」と生徒指導

　学習指導要領に，児童生徒の発達を支える視点に立つことの重要性が示されています。具体的には，学級・ホームルーム経営や生徒指導，キャリア教育，個に応じた指導等の充実であり，要点は以下のとおりです。

（１）学級・ホームルーム経営の充実

　教員と児童生徒との信頼関係及び児童生徒相互のよりよい人間関係を育てることを目指します。また，主に集団の場面で必要な支援を行うガイダンスと，一人一人が抱える課題に個別に対応した支援を行うカウンセリングの双方により，児童生徒の発達を支援します。

（2）生徒指導の充実

　児童生徒が自己存在感を実感し，よりよい人間関係を形成し，現在及び将来における自己実現を図れるようになることを目指します。そのため，児童生徒理解を深め，学習指導と関連付けながら生徒指導の充実を図ります。

（3）キャリア教育の充実

　児童生徒が社会的・職業的自立に向けて，必要な基盤となる資質や能力を身に付けることを目指します。そのため，特別活動を要としつつ，各教科等の特質に応じて，キャリア教育の充実を図ります。

（4）個に応じた指導の充実

　一人一人の児童生徒の特性等を十分理解することや，学校の実態に応じた指導体制の工夫改善により，個に応じた指導の充実を図ります。

② 学習指導と生徒指導

　学習指導において，児童生徒理解の深化を図った上で，安全・安心な学校・学級の風土を創り出す，児童生徒一人一人が自己存在感を感じられるようにする，教員と児童生徒の信頼関係や児童生徒相互の人間関係づくりを進める，児童生徒の自己選択や自己決定を促すといった生徒指導の実践上の視点を生かすことにより，その充実を図ります。

　また，生徒指導においては，個別の問題行動等への対応といった課題早期発見対応及び困難課題対応的生徒指導にとどまることなく，全ての児童生徒を対象にした課題未然防止教育（例：いじめ防止教育，情報モラル教育），さらには，一人一人のキャリア形成等も踏まえた発達支持的生徒指導（例：自己の将来をデザインするキャリア教育）の視点が重要です。特に，学習指導要領の趣旨である「個別最適な学び」と「協働的な学び」を一体的に充実していく上でも，発達支持的生徒指導の考え方が不可欠です。

③ 学級・ホームルーム経営と生徒指導

　学級・ホームルームは，児童生徒にとって，学習や生活などの学校生活の

基盤です。そして，学校生活の多くの時間をそこで過ごすため，自分とクラスメイト個々や集団との関係は，児童生徒一人一人の学校生活に大きな影響を与えます。

　そのため，教員は児童生徒一人一人が，学級・ホームルーム内でよりよい人間関係を築き，その生活に適応し，学習や活動の効果を高められるように，児童生徒一人一人や集団に応じた指導を工夫する必要があります。

（1）学級・ホームルーム経営の内容

　学級・ホームルーム経営の内容は，教員と児童生徒や児童生徒相互の人間関係を構築し，学級・ホームルーム集団としての質の高まりを目指すことが中心的な内容です。

　例えば，担任が児童生徒の実態に応じて新学期のグループ編成や座席決め等を行うとします。続けて，学級・ホームルーム委員等を決めて，学級・ホームルームの目標や係・委員会・清掃分担等を児童生徒が話し合いで決めます。担任はその様子を見守り，助言することもあります。

　その際，児童生徒自身は学級や学校生活，人間関係をよりよいものにするために，みんなで話し合い，みんなで決めて，みんなで協力することを通して，友達のよいところに気付いたり，良好な人間関係を築いたり，学級・ホームルームの雰囲気がよくなったりすることを経験していきます。そして，このような活動を通して，児童生徒がお互いを尊重し合う温かい風土が醸成されます。

（2）学級・ホームルーム経営の留意点
①4月の出会いの時期

　この時期に，学級・ホームルーム集団の中で役割を担ったり協力し合って活動したりして，自己存在感を実感できるようにし，自己肯定感を獲得できるように働きかけます。また，自発的，自治的な活動を中心として，教員と児童生徒，児童生徒同士の共感的で温かな人間関係を築くことが重要です。

②規範意識の醸成

　児童生徒が規範意識を身に付けることは，児童生徒にとって安全・安心な居場所づくりにつながります。そして，安心して自らの意見を述べたり，自己の仮説を発表したり，他者の意見や考えを共感的に受け止めたりできるようになります。つまり，自ら考え，選択し，決定し，発表し，実践するという体験を通して，児童生徒が自己指導能力を身に付けるのです。

③発達支持的生徒指導とキャリア教育，学校経営

　発達支持的生徒指導は，自己指導能力を育てるとともに，自己の在り方・生き方や進路に関わる教育とも言えます。

　また，課題未然防止教育は，キャリア教育（進路指導）と密接に関連し，相互に作用し合うものです。そのため，学級・ホームルーム経営の中で，キャリア教育において育成すべき力（「人間関係形成・社会形成能力」，「自己理解・自己管理能力」，「課題対応能力」，「キャリアプランニング能力」）を位置付けて実践することが重要です。

　さらに，学校経営の中に生徒指導の視点がしっかりと位置付けられ，それに基づいた学年の取組や学級・ホームルーム経営が教員の共通理解に基づいて行われ，その上で，個々の教員の支援が行われることが求められます。

④　教育課程編成上の留意点

　教育課程編成上の留意点は，学校の教育目標を明確にすることです。その際に大切なことは，次の３点です。

①「この教育目標の達成に向けて協働したい」と全教員が思えるような目標を設定すること

②保護者や地域からの協力が得られるように目標の共有に努めること

③教育目標に照らしながら各教科等の授業のねらいを改善すること，教育課程の実施状況を評価することが可能になるような，具体性のある教育目標を設定すること

（萩谷　孝男）

13 生徒指導を意識した教科・科目等の指導のポイントはなんですか？

　教科・科目等の指導は，学校生活の大部分を占めており，児童生徒にとって興味深い時間となるようにすることが大切です。そのため，一方的に指導するだけではなく，生徒指導の実践上の視点を意識し，主体的・対話的な学びとなるよう工夫します。

① 個に応じた指導の充実

　個に応じた指導の充実のためには，学習内容の習熟の程度を把握するだけでなく，興味・関心，学習意欲や授業への参加状況，学習上のつまずきの原因の把握などが求められます。例えば，発達上の理由から学習内容の習熟に課題がある場合や，背景に友人関係の悩みがあり発言や態度が消極的になっている場合もあります。

② 児童生徒理解を基盤とした教科の指導

　児童生徒理解を基盤とした教科の指導を行うために，児童生徒一人一人について，様々な角度から主観的・客観的な情報を収集することから始めます。そして，児童生徒に関わる教員が得られた情報を共有し，チームとして取り組んでいきます。「学習の個性化」と「指導の個別化」がポイントです。

（1）児童生徒理解に関する情報の収集

①学級・ホームルームの学習の雰囲気や気になる児童生徒の言動などを，担当教員個人だけでなく，同僚教員や管理職に授業参観をしてもらいメモや観察記録表等で収集します。

②授業での課題，小テスト，中間・期末試験，生活実態調査，いじめアンケート調査，進路希望調査，生活日誌等により情報を収集します。

③出欠・遅刻・早退，保健室の利用実態に関する情報を収集します。これらは，特に生徒指導や心身の健康，家庭生活の状態と関連します。

④児童生徒1人1台のICT端末等を活用し，学習や生活等に関する情報を収集することで，情報を共有しやすくなります。

（2）チームによる分析と共通理解

　学年会・教科部会，生徒指導部会，教育相談部会，あるいはケース会議などで，気になる児童生徒，配慮を要する児童生徒の情報を共有します。そして，授業において授業者個人で実践すること，他の教員と連携・協働して実践すること，全教員が実践した方がよいことなどの計画を立てます。

③ 教科の指導と生徒指導の一体化

　授業は全ての児童生徒を対象とした発達支持的生徒指導の場となります。

①自己存在感の感受を促進するためには，「どの児童生徒も分かる授業」，「どの児童生徒にとっても面白い授業」になるよう創意工夫することが大切です。その際，方法としてICT端末等の活用も有用です。

②共感的な人間関係を育成するためには，「自分の得意なところを発表し合う機会を提供する授業」，「間違いやできないことが笑われない授業」，「お互いの考えについて，関心を抱き合う授業」になるよう創意工夫することが大切です。

③自己決定の場を提供するためには，「児童生徒に意見発表の場を提供する」，「児童生徒間の対話や議論の機会を設ける」，「児童生徒が協力して調べ学習をする」などの取組を積極的に進めることが大切です。

④安全・安心な風土の醸成を意識するためには，学級・ホームルーム集団が児童生徒の「（心の）居場所」になるよう努めることが大切です。

（萩谷　孝男）

14 生徒指導を意識した道徳教育のポイントはなんですか？

① 道徳科を要とした道徳教育における生徒指導

　平成27年3月，学習指導要領等の一部改正により，小学校・中学校においては，従前の「道徳の時間」が「道徳科」として新たに教育課程に位置付けられました。この背景には，いじめの問題等への対応に向けて，道徳教育の抜本的な改善充実が求められたことがあります。児童生徒が困難な問題に主体的に対処できる力の獲得のため，道徳教育に強い期待が持たれています。

② 道徳教育と生徒指導の相互関係

　学校における道徳教育は，自己の生き方を考え，主体的な判断の下に行動し，自立した人間として他者と共によりよく生きるための基盤となる道徳性を養うことを目標としており，教育活動全体を通じて行うものともされています。一方，生徒指導は，「社会の中で自分らしく生きることができる存在へと自発的・主体的に成長や発達する過程」を支える意図で，教育活動のあらゆる場面で行われるものです。道徳教育で培われた道徳性を，生きる力として日常の生活場面に具現化できるよう支援することが生徒指導の大切な働き（機能）であり，道徳科の授業と生徒指導は相互補完関係にあります。

（1）道徳科の授業の充実に資する生徒指導

　発達支持的生徒指導の充実を図ることは，自らの生き方と関わらせながら学習を進めていく態度を身に付け，道徳科の授業の充実につながります。

　児童生徒理解のための質問紙調査などを，道徳科の授業の導入やまとめ等

で活用したり，生徒指導上の問題を題材とした教材を用いたりすることによって，道徳的価値についての理解を一層深めることができます。

　児童生徒の人間関係を深めるとともに，悩みや問題を解決する，教室内の座席やグループ編成を柔軟に行うなどの支援によって道徳科の授業を充実させることができます。

（2）生徒指導の充実に資する道徳科の授業

　道徳科の授業で児童生徒の悩みや心の揺れ，葛藤などを取り上げ，道徳的実践につながる力を育てることは，生徒指導上の悩みを持つ児童生徒を温かく包み，その指導効果を上げることにつながります。

　学習指導要領に示される道徳科の指導内容は，①自主的に判断し，誠実に実行してその結果に責任を持つこと，②思いやりの心や感謝の心を持つこと，③相互理解に努めること，④法や決まりの意義を理解し，その遵守に努めること，⑤公正公平な態度で，いじめや差別，偏見のない社会の実現に努めること，⑥主体的に社会の形成に参画し，国際社会に生きる日本人としての自覚を持つこと，⑦生命の尊さを理解し，かけがえのない自他の生命を尊重すること，⑧自然を愛護し人間の力を超えたものに対する畏敬の念を深めることなどです。

　道徳科の授業では，コミュニケーションを通した人間的な触れ合いの機会が重視されます。問題解決的な学習，体験的な学習など多様な方法を取り入れることで，現実の生徒指導上の課題に主体的に対処できる力を身に付けるように働きかけることにもつながります。

③ 道徳科と他の教育活動との関連の充実と生徒指導

　生徒指導上の課題解決につながる道徳性を養うために，道徳科と他の教育活動との関連を図り，効果的に取り組むことが重要です。複雑化する生徒指導上の対応に追われると，児童生徒の健全な成長を図るという教育本来の機能を十分に果たせず，より深刻な状況をもたらすことになるからです。

（山口　豊一）

15 生徒指導を意識した 総合的な学習（探究）の時間の ポイントはなんですか？

① 総合的な学習（探究）の時間における生徒指導

　小中高等学校における総合的な学習（探究）の時間では，よりよく課題を解決し，自己の生き方を考えていくための資質・能力の育成が目指されています。そうした自らを高めようとする姿勢を児童生徒に促すことは，生徒指導の目標にある「社会の中で自分らしく生きることができる存在へと児童生徒が，自発的・主体的に成長や発達する過程を支える」ことにつながります。総合的な学習（探究）の時間において，育成を目指す資質・能力の探究的な学習に主体的・協働的に取り組むとともに，互いのよさを生かしながら，積極的に社会に参画しようとする態度を養うことと関連します。

② 総合的な学習（探究）の時間と生徒指導

　総合的な学習（探究）の時間の目標は，各学校の教育目標を踏まえて設定します。探究的な学習を実現する学習活動では，①課題設定→②情報収集→③整理・分析→④まとめ・表現，を発展的に繰り返していくことになります。このような学習活動を通じて，主体的に問題や課題を発見し，自己の目標を選択，設定して，自発的，自律的，かつ他者の主体性を尊重しながら，自らの行動を決断し，実行する力である「自己指導能力」を育むことが目指されます。教員は，児童生徒の主体性が発揮されている場面では，児童生徒が自ら変容していく姿を見守り，学習活動が停滞したり迷ったりしている場面では，場に応じた支援をするように働きかけることが重要です。また，総合的

な学習（探究）の時間では，容易に解決されないような複雑な課題を探究し，物事の本質を見極めようとする児童生徒の姿が求められます。そのような児童生徒の姿に積極的に寄り添い，学習状況に応じて教員が適切な支援を行うことも求められます。総合的な学習（探究）の時間を充実させることは生徒指導の充実を図ることにもつながると言えます。

③ 総合的な学習（探究）の時間で協働的に取り組むことと生徒指導

　総合的な学習（探究）の時間の目標は，主体的・協働的に取り組むとともに，互いのよさを生かしながら，積極的に社会に参画しようとする態度を養うことです。複雑な現代社会においては，いかなる問題も，他者との協働が不可欠です。総合的な学習（探究）の時間に，他者と協働的に問題や課題に取り組むことで，学習活動が発展したり，問題や課題解決への意識が高まったりします。また，自分とは異なる見方，考え方があることに気付いたりすることで解決への糸口もつかみやすくなります。そして，地域の人々や専門家など校外の大人との交流は，児童生徒の社会参画意識の醸成にもつながります。このとき，教員は，児童生徒が多様な情報を活用し，自分と異なる視点からも考え，力を合わせたり交流したりして学べるように，支持的に働きかけるとともに，発達段階に応じた支援を行うことが大切です。

④ 総合的な学習（探究）の時間において自己の（在り方）生き方を考えることと生徒指導

　自己の生き方を考えることとは，①人や社会，自然との関わりにおいて自らの生活や行動について考えること，②自分にとっての学ぶことの意味や価値を考えること，③これら二つのことを生かしながら，学んだことを現在と将来の自己の（在り方）生き方につなげて考えることであり，生徒指導の考え方とつながるものです。

（山口　豊一）

16 生徒指導を意識した 特別活動のポイントは なんですか？

① 特別活動と生徒指導

　特別活動とは「なすことによって学ぶ」ことを方法原理とし，「集団や社会の形成者としての見方・考え方を働かせ，様々な集団活動に自主的，実践的に取り組み，互いのよさや可能性を発揮しながら集団や自己の生活上の課題を解決する」ことを通して，社会の形成者としての資質・能力を育む教育活動です。

　児童生徒一人一人を尊重し，よりよく成長し合えるような集団活動として展開することが求められます。児童生徒が自由に意見交換を行い，全員が等しく合意形成に関わり，役割を分担して協力するといった活動を展開する中で，所属感や連帯感，互いの心理的な結び付きなどが結果として自然に培われるよう働きかけます。

② 特別活動の基本的な性格と生徒指導との関わりについて

　生徒指導の観点からは，可能な限り児童生徒の自主性を尊重し，創意を生かし，目標達成の喜びを味わえるようにすることが大切です。特に，学校種や学年等の発達の段階に応じて，児童生徒による自発的，自主的な活動を重んじ，成就感や自信の獲得につながる間接的な支援が求められます。

　生徒指導の充実を図るためには，学校全体の共通理解と取組が不可欠であり，生徒指導が学校全体として組織的，計画的に行われていくことが求められます。

③ 生徒指導を意識した学級・ホームルーム活動の取組

　学級・ホームルーム活動での生徒指導を意識した取組の視点として，①学級・ホームルーム活動は，児童生徒の自主的，実践的な態度や，健全な生活態度が育つ場であること，②学級・ホームルーム活動は，発達支持的生徒指導を行う中核的な場であること，③学級・ホームルーム活動は，学業生活の充実や進路選択の能力の育成を図る教育活動の要の時間であることが挙げられます。

④ 生徒指導との関連を踏まえた児童会・生徒会活動，クラブ活動の運営上の工夫

　児童会・生徒会活動，クラブ活動の運営上の工夫においては，児童生徒の創意工夫を生かす指導計画の作成と改善に努めること，学級・ホームルーム活動，学校行事との関連を図ること，自発的，自治的な活動を生かす時間であること，活動場所等の確保に努めることなどが挙げられます。

⑤ 生徒指導との関連を踏まえた学校行事における指導の工夫と配慮

　学校行事における教員の働きかけでは，主体的に参加できるよう十分に配慮することが求められます。また，教科学習でつまずきがちであったり，問題行動が見られたり特別な支援を要したりする児童生徒に対しても，自分の得意とする能力や個性などを生かすことができるように配慮し，適切に役割を担うことができるようにすることも重要です。

　このような児童生徒理解に基づいた教員の適切な配慮によって，集団生活への意欲や自信を失っている児童生徒の自己存在感や自己有用感を高めるとともに，自己の生き方についての考えを深め，自分の能力への自信を回復することが可能になります。

（山口　豊一）

17 そもそも"チーム学校"とは どのような考え方ですか?

『提要』では,学校の生徒指導体制を「チームとしての学校(チーム学校)」に基づき整備することが示されています。"チーム学校"の考え方は,生徒指導にとって重要な柱になっています。

① "チーム学校"の背景

"チーム学校"は,2015年,「チームとしての学校の在り方と今後の改善方策について(最終報告)」(文部科学省中央教育審議会)で示されました。その背景となるのが,①新しい時代に求められる資質・能力を育む教育課程を実現するための体制整備(「アクティブ・ラーニング」の視点を踏まえた指導方法や授業の改善,「カリキュラム・マネジメント」による教育課程の見直しや組織体制の整備)の必要性,②児童生徒の抱える複雑化・多様化した問題や課題を解決するための体制整備(いじめや不登校などの児童生徒の課題について SC や SSW などの専門職と協力して対応すること)の必要性,③教員が子供と向き合う時間の確保等(業務の適正化)のための体制整備(部活動の指導や勤務時間の長さなど,教員の負担軽減と専門性の発揮のために地域に存在する専門家との連携・協働)の必要性です。

このような背景の中,変化の激しい社会に対応して生き抜いていける子供を育てるために,学校がこれまでよりもさらに自校のよさや特色を生かした運営をするために示されたのが"チーム学校"ということになります。

② "チーム学校"の定義と四つの方針

"チーム学校"は,「校長のリーダーシップの下,カリキュラム,日々の教育活動,学校の資源が一体的にマネジメントされ,教職員や学校内の多様な人材が,それぞれの専門性を生かして能力を発揮し,子供たちに必要な資質・能力を確実に身に付けさせることができる学校」(中央教育審議会,2015)と定義されています。具体的な改善方策は次のとおりです。

(1) 専門性に基づくチーム体制

教員が教育に関する専門性と得意分野でチームとして機能することに加え,心理・福祉等の専門スタッフ(SC,SSW など)を学校に位置付け,教員と連携・協働できる体制を充実させることです。特に不登校やいじめの課題などに対しては専門家の力を活用したチーム体制をつくります。

(2) 学校のマネジメント機能の強化

校長のリーダーシップが必要であり,主幹教諭の配置の促進や事務機能の強化などによって校長のマネジメント体制を支える仕組みの充実を図ることです。校長と教職員との意思伝達を明確にした学校運営です。

(3) 教職員が力を発揮できる環境の整備

人材育成や業務改善の取組を進めることが重要です。校務分掌や校内の各種委員会の持ち方,業務の内容や進め方の見直し,教職員のメンタルヘルス対策等に取り組むことが重要とされています。

さらに,『提要』では四つめの方針として「同僚性」の形成が加えられています。

(4) 教職員間の「同僚性」の形成

『提要』では教職員の同僚性の意義を強調しています。同僚性とは,互いの専門性や強みを生かして協働する関係です。同僚性は学校の組織風土に影響し,生徒指導体制にも影響を与えます。「同僚性」が高ければ教職員の受容的・支持的・相互扶助的な人間関係になり,教職員のメンタルヘルスの維持とセルフ・モニタリングにつながります。

③ 「チーム学校」のイメージ図

　チーム学校は，教員，SC，SSW など学校内の教職員のチームの強化と学校・家庭・地域の関係機関等の連携の強化という二つの側面があります（石隈・家近, 2021）（p.69 図 I 参照）。

　まず「学校」のイメージは，生徒指導のマネジメントを行う

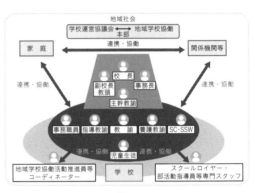

図 I

「マネジメントゾーン（図 I の台形の部分）」，教職員と専門家との連携・協働を行う「教職員ゾーン」，スクールロイヤーや地域学校協働活動推進員等コーディネーターなどによる学校外との連携・協働を行う「地域との境界ゾーン」で整理されます（石隈, 2023）。注目すべきは，学校の中に「児童生徒」が位置付けられていることです。『提要』では，児童生徒を主語として，自分自身で，個性を発見しよさや可能性を伸ばし，社会的資質・能力を発達させることを支えることを目的としています。

　次に，学校・家庭・関係機関等の連携です。図 I のように，学校は，地域で暮らす人々と地域内の様々な関係主体が参加する地域運営組織（自治会，PTA，婦人会，NPO 法人など）や，地域の社会資源のネットワークをコーディネートする地域学校協働本部等と双方向の連携・協働を進めます。チーム学校では，多職種・他機関と連携や協働すると同時に，地域の力を学校に取り入れ，地域にある社会資源を活用しながら教育活動を展開します。

④ チーム学校による生徒指導体制

　チーム学校による生徒指導体制の実現には，①一人で抱え込まないこと，②問題を全体に投げかけること，③管理職を中心としてミドルリーダーが機

能するネットワークづくり，④継続的な振り返りが示されています。そのた
めには，校内の連携や協働を促進するチー
ム支援の整備が必要になります。

チーム学校を具体的に遂行する支援チー
ム体制（p.92 図2参照）は，学校心理学
で提唱される「個別の援助チーム」，「コー
ディネーション委員会」，「マネジメント委
員会」の3層のチーム援助システムのモデ
ルが参考になります（石隈・家近，2021）。

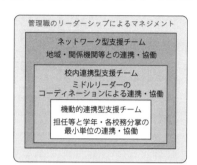

図2

①機動的連携型支援チーム（個別の援助チーム）：苦戦する児童生徒・保護
者と連携しつつ，担任とコーディネーター役の教職員（生徒指導主事や教育
相談コーディネーター，特別支援教育コーディネーター，学年主任等）が協
力して，タイムリーに機動的に問題解決を行います。

②校内連携型支援チーム（コーディネーション委員会）：校務分掌に位置付
けられ，定期的に支援を推進します。生徒指導部会，教育相談委員会，特別
支援教育の校内委員会がこれに当たります（石隈・家近，2021）。校内の教
職員との連携・協働を促進して，生徒指導のコーディネーションを行います。

③ネットワーク型支援チーム：学校，家庭，教育委員会，地域の関係機関
（教育支援センター，児童相談所，病院，警察等）がそれぞれの役割や専門
性を生かして連携・協働します。管理職のマネジメントや校内連携型支援
チームのコーディネーションの関わりが重要になります。

④管理職のリーダーシップによるマネジメント（マネジメント委員会）：管
理職や生徒指導主事等のチームにより生徒指導のマネジメントを行います。

［参考文献］
石隈利紀「チーム学校による生徒指導—児童生徒の主体性と意見を活かす」「月刊生徒指導」編
集部編『生徒指導提要（改訂版）—全文と解説』学事出版，2023年，pp.13-17
石隈利紀・家近早苗『スクールカウンセリングのこれから』創元社，2021年

（家近　早苗）

18 生徒指導部と生徒指導主事の位置付けはどのようなものですか？

　社会で自分らしく生きることができる存在として，自発的・主体的な成長過程を支える教育活動である生徒指導は，学校において組織的・体系的に推進されています。その在り方と担当者の役割を組織面から考えてみましょう。

① 生徒指導部及び生徒指導主事と生徒指導を担う構成員の位置付け

　生徒指導部は，生徒指導を組織的・体系的に推進するための中核的組織とされ，学校における児童生徒の社会的な成長を促進させるための，支援の方途を学校全体に示し，教職員の適切な実践を推進する役割を担います。

（１）生徒指導部の構成員

　生徒指導部（またはその役割を担う組織）は，中学校では，生徒指導主事の任命が義務付けられており，その他の校種でも，生徒指導主任・生徒指導部長等を中心に，学年ごとの生徒指導担当者，教育相談コーディネーター（担当者），養護教諭等で構成され，SC や SSW の参画を得て，専門職としての多様な視点を得ることも推奨されています。あらかじめ校内で合意されたメンバーによる定期的な会議で，学校の生徒指導に関する組織全体や個別課題の発生状況を確認し，必要な場合は個別のチームを立てます。

（２）生徒指導主事の役割

　生徒指導主事は，中学校では配置が義務付けられており（学校教育法施行規則第70条第１項），学校全体の生徒指導の組織的運営の中心的な役割を担います。かつては，校則違反の取り締まりなど管理的側面が強調されていま

したが，今日，生徒指導は，教育相談と並び児童生徒の人間的成長を促進させる要であり，生徒指導はとりわけ，全ての児童生徒の社会性の促進を担っています。生徒指導主事の計画的・継続的実施には，以下の役割があります。

①学校の生徒指導の組織的・計画的運営の責任者として関係者と連携する。
②生徒指導の計画的・継続的な推進のため，校務の連絡・調整を行う。
③担任，教職員へ生徒指導に関する指導・助言を行う。
④必要に応じて児童生徒や保護者，関係機関等とともに，問題を解決する。

　生徒指導担当者は，問題が起きた後に対応することも重要かつ必要ですが，これらの役割は，学校に在籍する児童生徒全てを対象として，校内外の関係者と豊かにつながり，社会的自立が遂げられるよう指導する必要があります。

② 求められる姿勢と連携のポイント

　学校の生徒指導推進の中心となる生徒指導主事が持つべき生徒指導に向かう姿勢は，以下のように示されています。配慮事項を補足しています。

生徒指導を推進するに当たって必要な姿勢：

①生徒指導の意義や課題を十分に理解しておく：児童生徒の実態を把握し，目標とすべきことを見極めるには，異なる視点が求められます。

②学校教育全般を見通す視野や識見を持つ：生徒指導上の問題解決とともに，学校の教育課題に基づき，生徒指導としての対応をする必要があります。

③資料提示や情報交換で教職員の共通理解や意欲的な取組へ学校を導く：生徒指導部以外の教職員の協力を得る，説得力のある説明が不可欠です。

④学校や地域の実態を踏まえた指導計画を立て，創意工夫し支援を展開する：専門職とも協力して地域とのネットワークを保ちます。

⑤変動する社会状況や児童生徒の心理を的確に把握し，それを具体的な支援の場で生かす：定例の各種アンケートと小さな変化を検討します。

　こうした日常的な取組の継続こそが，予防的支援につながるのです。

（西山　久子）

19 学年・校務分掌を横断する生徒指導体制のポイントはなんですか？

　生徒指導を推進するには，校内の全ての教職員が取り組むことが必要です。さらに，学校では多職種協働が求められ，外部の援助資源の活用も重要です。本項では，学年を越え，分掌を越えた生徒指導体制について検討します。

① 生徒指導体制

　子供の社会的自立を進める生徒指導は，生徒指導部だけでは行えません。担任による学級経営や，学校環境を含む風土づくりなど，広範な視点から捉える必要があります。

（1）生徒指導体制づくりのポイント

　生徒指導体制を「つくる」とは，生徒指導部や部員で行う取組のみならず，学校組織を活用して，生徒指導，つまり心理面・学習面・社会面・進路面・健康面の成長促進の機能の充実を安定的に図る仕組みづくりです。これらの多面的な児童生徒の成長促進に向け，各組織が請け負う側面と，その組織内の構成員の役割とがあります。まず大別して，学校の職員構成に合った，管理職の役割と，各担当者の役割が明示され，共通理解されていることが重要です。

　生徒指導が関わる組織例：生徒指導委員会・教育相談係会・学年会 他

　生徒指導を協働する役割例：生徒指導主事・教育相談コーディネーター・
　　学年主任・担任・副担任・教科担任・養護教諭 他

　各組織で何が行われるか，それらをつなぎ合わせると，生徒指導においてすべきことが網羅されているかを考えます。また，各担当者がその組織で担うことが明らかになっているかについても検討します。

（2）生徒指導体制づくりにおけるポイント
①生徒指導の方針・基準の明確化・具体化

　生徒指導に組織的に取り組むには，その方針・基準が，誰の目にも解りやすく示されている必要があります。教職員で理解されるようにすることに加え，児童生徒自身にもぶれることのない提示の仕方をしておく必要があります。児童生徒・教職員が共通理解できる学校のきまりを示す PBIS（Positive Behavior Intervention and Supports：Sugai, 2014）などは，その例です。

②全ての教職員による共通理解・共通実践

　学校の教育目標に，児童生徒が身に付けるべき力や態度が明示され，それに向けた教職員の関わり方が示されると，教職員間の協働が容易になります。教職員・児童生徒・保護者の間の信頼関係の形成にも心がけたいものです。

② 　生徒指導を推進する PDCA

　生徒指導体制が置かれたら，その下で推進されている取組が効果を上げているか，定期的に見直し，改善を図ることが必要になります。明確で具体的な生徒指導方針と，全ての教職員による共通理解・協働は，適切に評価・改善されて初めて効果を発揮します。それには学校への所属意識や愛着，安全・安心感，教職

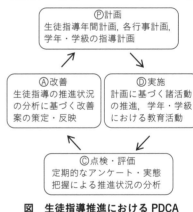

図　生徒指導推進における PDCA

員や学校に関わる大人との関係性，同級生や先輩・後輩との人間関係，いじめの被害や加害の経験など，児童生徒へのアンケートが有効です。また，教職員や保護者から示唆を得ることも有益な方法です。

　生徒指導でも，計画→実施→点検・評価→改善のサイクル化は不可欠です。

［参考文献］
Sugai, G.「子どもたちが健やかに成長する学校環境」『教育心理学年報』53巻，2014年，pp.184-187

（西山　久子）

20 教職員の研修時に気をつけることはなんですか？

① 生徒指導に関わる力量を高める研修

校内研修では全体研修と特定領域の研修を機能的につなぐ必要があります。

（1）生徒指導に関わる校内研修

生徒指導で校内研修を行うことには，その学校独自の課題や目標に基づく内容を，学校の現状に沿って，臨機応変に取り入れられる利点があります。

①全ての教職員に届く全体研修

全体研修では，校訓など学校の教育理念・学習面や生活面での教育方法，他の分掌と連動した生徒指導の方針や基準について，共通理解を構築します。

研修内容の検討は，いじめや不登校等の発生件数など生徒指導の関連事項や，地域で共有されている教育課題の実態把握を踏まえます。ベテラン・若年層教員など，学校の職員構成に基づく研修形態を考えます（表参照）。

②校内で生徒指導の中核的な判断をする立場の教職員間での研修

全職員に生徒指導の在り方を的確に伝えるには，学校の教育活動を見渡す立場の管理職と生徒指導担当による，実態把握と方針決定が求められます。

③新採用・転勤直後・非常勤から常勤への任用替えなど特別な立場の教員

多様な教員に生徒指導方針の理解を促進させる補足的な研修も有効です。

表 校内研修を企画する際に配慮したいポイント

1）学校の生徒指導の現状（校内の多様な問題行動の発生状況など）
2）学区・地域が捉える課題（学力向上など地域で共通した課題）
3）学校の教職員の構成（教職員の年齢構成や教員経験の分布など）

（2）生徒指導に関わる校外研修

　生徒指導を担う教員は，校外の研修を有効に活用し，自身の生徒指導の知識や実践的力量を高めるとともに，同僚の生徒指導力の向上のため，校外研修に誘ったり，適切な校内研修を提案したりすることも考えたいものです。

② 生徒指導に関わる研修の方向性

（１）生徒指導に関わる校内研修の推進に向けた担当者の視点

　適切な生徒指導の推進には，問題の原因探しを目的とせず，問題行動の背景要因を把握する冷静な視点が必須です。例えば，授業中の離席が多い子供に，離席を禁じても根本的解決には至りません。その子供や授業場面を検討し，何が問題の根本的解決に有益かを把握します。いじめや攻撃的行動でも，周囲からの情報の認知・解釈・最適な行動の選択・実行という意思決定（社会的情報処理）の過程におけるバイアスなどからなる苦手が影響します（杉本，2018）。研修では，こうした問題行動のメカニズム等の知見と実践の両面から，理解を促進させることが重要です。

　さらに生徒指導に関する研修では，教員個人の児童生徒への関わり方について学ぶだけでなく，組織面で好ましい分担の在り方を学ぶことも重要です。

（２）生徒指導に関わる校内研修の方向性づくりにおける担当者の役割

　生徒指導を担う担当者は，生徒指導に関わる研修自体を実施する際，自校の生徒指導面を含めた，全ての教育活動で見られる問題を多面的に俯瞰し，他の担当と協働して，取り上げる事項の優先順位をつける必要があります。

　生徒指導を研修面から充実させるには，担当者だけで研修を計画したり実践したりするのではなく，異なる意見を尊重し，方針を立てます。そして，問題への介入だけでなく，予防から事後指導までの諸側面を研修でも検討し，方向性を共有します。生徒指導をまとめる担当者は，その要となるのです。

［参考文献］
杉本希映「いじめ問題の理解」渡辺弥生・西山久子編著『生徒指導と教育相談―生徒理解，キャリア教育，そして学校危機予防まで』北樹出版，2018年，pp.73-78

（西山　久子）

21 教育相談とはなんですか?

① 教育相談の基本的な考え方

　教育相談とは，一人一人の児童生徒の教育上の諸課題について，本人又は保護者などにその望ましい在り方について助言をするものと理解されてきました（p.16）。教育相談には，個別相談やグループ相談などがありますが，児童生徒の個別性を重視しているため，主に個に焦点を当て，面接やエクササイズ（演習）を通して個の内面の変容を図ることを目指しています。それに対して，生徒指導は主に集団に焦点を当て，学校行事や体験活動などにおいて，集団としての成果や発展を目指し，集団に支えられた個の変容を図ります。教育相談の目的は，児童生徒が将来において社会的な自己実現ができるような資質・能力・態度を形成するように働きかけることであり，生徒指導の目的と一致しています。しばしば対立的に論じられることがある生徒指導と教育相談との関係ですが，教育相談は，生徒指導から独立した教育活動ではなく，生徒指導の一環として位置付けられるものであり，現代の児童生徒の個別性・多様性・複雑性に対応する生徒指導の中心的役割を担うものと言えます。したがって，生徒指導と教育相談を一体化させて，全教職員がチーム学校として取組を進めることが必要となります（Q22参照）。

② 教育相談の体制

　教育相談は，生徒指導と同様に学校内外の連携に基づくチームの活動として進められます。その際，チームの要となる教育相談コーディネーターの役

割が重要です。校内には教育相談コーディネーターの他にも，生徒指導主事，特別支援教育コーディネーター，養護教諭等がコーディネーターの役割を担っていますが，ケースに応じて役割分担しつつも，連携を取りながら支援をしていきます。『提要』内で示されている教育相談コーディネーターが担う主な職務内容として，以下の内容があります。

①児童生徒に対する教育相談（3類4層による教育相談）
②教職員，保護者への教育相談（コンサルテーション）
③アセスメントのための情報収集
④校内チーム，校外チームでの支援活動
⑤教育相談体制の構築（校内，校外の関係機関との連携のための連絡調整）
⑥SC，SSWの周知，相談受付，SC，SSWとの連絡調整
⑦ケース会議，スクリーニング会議等の実施
⑧学校危機への対応
⑨教育相談に関する年間計画・立案（課題未然防止教育の企画を含む）
⑩教育相談に関する研修の企画運営
⑪個別記録等の情報管理

　教育相談を行う際に編成されるチームには，担任に生徒指導主事や学年主任，教育相談コーディネーター等を加えた最小のチームが機動的に課題解決を行う「機動的連携型支援チーム」，児童生徒理解や生徒指導のコーディネーションを促進することを目的に，校内の校務分掌や学年を超えて編成される「校内連携型支援チーム」，そして，学校と関係機関等で構成される「ネットワーク型支援チーム」があります。『提要』では学内の教職員，学外の関係者を中心にメンバー構成がされていますが，ケースに応じて保護者が参加する場合もあります。

　機動的連携型支援チームは，課題を持つ子供一人一人に対してつくられるチームです。したがって，校内には支援を受ける児童生徒の数だけ機動的連携型支援チームができることになります。学級に不登校のAさん，自閉症

傾向のB君，家庭環境に困難を抱えるCさんがいた場合，それぞれに三つの機動的連携型支援チームがつくられます。各チームのメンバー構成は学校の規模，校務分掌にもよりますが，Aさんのチームでは，担任・教育相談コーディネーター，B君のチームでは，担任・特別支援教育コーディネーター，Cさんの場合は，担任・養護教諭の構成が考えられます。

　3名それぞれの支援において，アセスメントや支援方針を検討するケース会議が開催されます。ケース会議は，多面的な情報収集を行ったり，関係者で情報共有を行ったりするために，機動的連携型支援チームだけでなく，校内連携型支援チームにおいても実施されます。校内連携型支援チームのメンバーは，担任，生徒指導主事，教育相談コーディネーター，学年主任，特別支援教育コーディネーター，養護教諭，SC，SSW等の構成が考えられます。

　B君のケースでは医療機関や相談機関等との連携が，Cさんのように家庭環境に困難があり児童虐待が疑われるケースでは，児童相談所や行政機関等，学外の関係機関との連携が必要となる場合があります。そのようなケースでは，ネットワーク型支援チームが構成されます。特に児童虐待が疑われる場合のように緊急性が高いケースでは，「ネットワーク型緊急支援チーム」を編成し支援に当たります。

　校内で，チームがいくつ動いているのかなど，チーム支援の全体像を把握する組織がないと効果的な運営をすることはできません。また，特定の教職員が複数のチームに関わっていたり，兼務する校務分掌が多すぎてしまっては，児童生徒の支援に手が回らないということも生じます。したがって，チームを有効に機能させるためにも管理職のリーダーシップによるマネジメントは非常に重要となります。

③　教育相談活動の種類

　教育相談では，以下の3類4層構造の教育相談活動を全校的に展開していくことが求められます。全ての児童生徒を対象とし，様々な資質や能力の積極的な獲得を支援する「発達支持的教育相談」，全ての児童生徒を対象とし，

ある特定の問題や課題の未然防止を目的に行われる「課題予防的教育相談：課題未然防止教育」，ある問題や課題の兆候が見られる一部の児童生徒を対象として行われる「課題予防的教育相談：課題早期発見対応」，困難な状況において苦戦している特定の児童生徒や発達や適応上の課題のある児童生徒などを対象として行われる「困難課題対応的教育相談」の四つです。

　上記の活動はどれも重要ですが，困難課題対応的教育相談の対象児童生徒を少しでも減らすためには，全員を対象とした発達支持的教育相談，課題予防的教育相談を充実させていくことが必要です。また，以前からその重要性が指摘されている早期発見・早期対応ですが，『提要』では，その具体的な方法についても述べられています（pp.82-85）。発達支持的，課題予防的教育相談を丁寧に行ったとしても，困難課題対応的教育相談による支援が必要な児童生徒が学校には必ず存在します。担任等が１人で実施するには限界がありますので，前項で述べた校内チーム，学校外の専門機関等と連携したチームによる支援が重要となります。

　教育相談は，児童生徒の個別性を重視して個の内面の変容を図る活動ですから，３類４層のどの活動においても，児童生徒の声を受容・傾聴し，相手の立場に寄り添って理解しようとする共感的理解が重要になります（p.24）。また，教育相談を行う教職員に求められる姿勢として，①児童生徒理解（アセスメント）に基づいて考えること，②柔軟な働きかけを目指すこと，③時間的視点を持つことの三つが挙げられます（p.80）。

　３類４層構造の教育相談が組織的・計画的に実践できる体制づくりが，何よりも重要です。教職員が共通理解の下で組織的に教育相談を行うためには，教育相談に関する研修が重要となります。教職員研修では，実際の支援につながる内容と方法を学べる企画が求められますが，特に教育相談研修では，実際の事例を取り上げて討議をしたり，教育相談に必要なカウンセリングの技術や実際の関わり方を学ぶ内容では，演習やロールプレイを取り入れたりすることが有効です。

（石川　満佐育）

22 生徒指導と教育相談が 一体となるために必要な 手立てはなんですか？

① 生徒指導と教育相談の一体化

　Q21でも示したように生徒指導と教育相談は，その目的からも対立的なものではなく，両者が相まって初めて，包括的な児童生徒支援が可能となります。不登校，いじめや暴力行為等の問題行動，子供の貧困，児童虐待等については，生徒指導と教育相談が一体となって，「事案が発生してからのみではなく，未然防止，早期発見，早期支援・対応，さらには，事案が発生した時点から事案の改善・回復，再発防止まで一貫した支援」に重点をおいたチーム支援体制をつくることが求められています（p.17）。

　また，生徒指導と教育相談の関係に限らず，児童生徒に対する支援にキャリア教育，特別支援教育があります。生徒指導，教育相談，キャリア教育，特別支援教育は，学校内の校務分掌に位置付けられ，それぞれに教育活動を展開しています。しかし，児童生徒に対する支援がお互いに独立した働きかけ（縦割りの意識と分業的な体制）をしていては，複合的・重層的な課題を抱えた児童生徒への適切な支援を行うことが阻害されてしまう状況も生じかねません。例えば，発達障害特性による対人関係の課題から二次的な問題として不登校状態にある中学2年生の生徒（A君）が，高校進学を希望している場合を想定しましょう。生徒指導，教育相談，キャリア教育，特別支援教育の各側面からの指導・支援が必要となりますが，それぞれが独立して対応していては適切な支援につながらないことは明白だと思います。そのため，児童生徒一人一人への最適な支援を行えるように，それぞれの分野の垣根を

越えた包括的な支援体制をつくることが必要となります。包括的な支援体制を具体化したものが，チームとして支援を展開すること（チーム支援）になります。

② チーム支援のプロセス

　『提要』では，チーム支援のプロセスを⑴困難課題対応的生徒指導及び課題早期発見対応の場合と，⑵発達支持的生徒指導及び課題未然防止教育の場合の２点からまとめています。前者のプロセスは，①チーム支援の判断とアセスメント，②課題の明確化と目標の共有，③チーム支援計画の作成，④チーム支援の実践，⑤点検・評価に基づくチーム支援の終結・継続，の五つからなります。後者のプロセスは，①学校状況のアセスメントとチームの編成，②取組の方向性の明確化と目標の共有，③取組プランの作成，④取組の具体的展開，⑤点検・評価に基づく取組の改善・更新，の五つからなります（pp.89-96）。

　前節で述べたA君の事例の場合は，前者のプロセスに基づくチーム支援の展開が必要とされます。ケース会議では，日頃から直接的な支援を行う担任や学年主任，コーディネーター（機動的連携型支援チームの構成員）に加え，生徒指導，教育相談，キャリア教育，特別支援教育の担当者が参加し，アセスメント，支援の目標設定，チームの支援計画を作成していきます。上記のチームは「校内連携型支援チーム」に相当します（p.92）。また，A君の進学先が決まった場合，入学前に，中学校の担当教員，保護者，医療機関や高校の関係者が，高校での支援体制を検討する場合があります。その場合のチームは「ネットワーク型支援チーム」となります。上記の各チームを機能させるためには，校内，校外の関係機関との連絡調整を行い，ケース会議の進行等を担うコーディネーターの役割と，チームの動向を把握し適時適切な指示や助言を行う管理職のマネジメントが重要になります。

（石川　満佐育）

チーム学校で取り組む生徒指導

23 アセスメントの基本的な流れとはどのようなものですか？

① アセスメントとは

『提要』において，アセスメントとは，「チーム支援において，当該児童生徒の課題に関連する問題状況や緊急対応を要する危機の程度等の情報を収集・分析・共有し，課題解決に有効な支援仮説を立て，支援目標や方法を決定するための資料を提供するプロセスのことである」（p.27）と説明されています。つまり，支援の対象となる児童生徒の支援計画を立てるために，情報の収集・分析を行うことによって，児童生徒の状況・実態を把握すること，と言えます。チーム支援計画はアセスメントの結果を基に作成されるため，アセスメントは，チーム支援の成否の鍵を握る非常に重要な活動と言えます。

他方，学校現場では児童生徒理解という用語のほうが馴染み深いかもしれません。『提要』において，「児童生徒理解とは，一人一人の児童生徒に対して適切な指導・援助を計画し実践することを目指して，学習面，心理・社会面，進路面，家庭面の状況や環境についての情報を収集し，分析するためのプロセスを意味します」（p.89）と述べられています。このことからも，アセスメントと児童生徒理解はほぼ同じ内容を指すものと理解できます。

学校現場でアセスメントのための情報収集を行う代表的な方法として，「丁寧な関わりと観察」（観察法）や「定期的な面接」（面接法），「質問紙調査」（質問紙法），「作品の活用」が挙げられます（p.82）。

アセスメントを行う場合，学習面，心理面，社会面，健康面，進路面，家庭面など多面的に理解していくことが重要です。例えば，子供が学習面で苦

戦しているとき，その背景に友達関係や家庭環境（社会面）の変化や，発達障害の可能性や視力の低下など健康面の課題が影響しているケースもあります。児童生徒が抱える悩みや課題は複合的なものであり，一つの面の課題が他の面に影響することもありますし，学校・学級，家庭，地域における様々な環境や関係性の中で，それらの課題は形成・維持されたり，緩和・改善されたりしていきます。多面的に多くの情報を収集し分析することで，児童生徒の理解は深まり，適切な支援につなげることが可能になります。

　また，アセスメントを行う際には，問題や課題などマイナスの側面のみに焦点を当てるのではなく，児童生徒自身のよさ，長所，可能性等の「自助資源」と，課題解決に役立つ人や機関・団体等の「支援資源」を把握することが重要となります。学習面，心理面などの各領域で，自助資源，支援資源を把握し，積極的に活用することが効果的な支援につながります。

　アセスメントの枠組み，方法には，多種多様なものがありますが，その中でも，心理分野・精神医療分野・福祉分野等で活用されているアセスメントの枠組みとして，生物・心理・社会モデル（以下，BPS モデル）によるアセスメントを挙げることができます。BPS モデル（Bio-Psycho-Social Model）では，児童生徒の課題を，生物学的要因，心理学的要因，社会的要因の三つの観点から検討します。ネットワーク支援型チームでは，教育の分野だけではなく，医療，心理，福祉など分野の異なる専門家と連携しながら支援を行います。そのため，アセスメントにおいても共通の枠組みがあると，情報共有やその後の連携，支援がしやすくなります。その共通の枠組みとして BPS モデルが活用できます。東京都教育委員会（2018）は BPS モデルを教育関係者にも分かりやすいよう，生物学的要因を「身体・健康面」，心理学的要因を「心理面」，社会的要因を「社会・環境面」という三つの大きな観点から捉える考え方を示していきます。

② チーム支援におけるアセスメントの基本的な流れ

　Q22で，チーム支援のプロセスを示しましたが，ここではアセスメントに

焦点を当て，その基本的な流れを，発達支持的生徒指導及び課題未然防止教育の場合と，課題早期発見対応及び困難課題対応的生徒指導の場合の2点から見ていきましょう。

（１）発達支持的生徒指導及び課題未然防止教育のアセスメント

　全ての児童生徒を対象に集団への支援を行う場合が多い発達支持的生徒指導，課題未然防止教育におけるアセスメントでは，児童生徒の個人のアセスメントに加え，学校や学年，学級・ホームルームの視点から，児童生徒の発達の全体状況の把握が必要となります。この学級の児童生徒には，こんな課題があり，その課題を改善するためにはこのような支援が必要，というように，現状を的確に把握した上で，明確な目標を設定し，教職員間で共有しながら具体的な支援を行う必要があります。学級や学年の状況を把握する場合でも，個別の児童生徒理解と同様に，多角的・多面的でかつ客観的な資料を得ることが重要です。現状を把握するためには，集団に対して容易に実施が可能な質問紙調査（アンケート調査）を用いることが効果的です。学級，学年，学校の状況のアセスメントを行うことは，児童生徒への支援だけでなく，教職員の日頃の教育活動を振り返ったり，学級経営や学習指導の在り方を検討したりすることにも活用できるため，児童生徒，教職員双方にとって意義があると考えられます。

（２）課題早期発見対応及び困難課題対応的生徒指導のアセスメント

　対象児童生徒の課題解決に向けて，生徒指導主事や教育相談コーディネーター等が中心となり，関係する複数の教職員（学校配置の SC，SSW 等を含む）等が参加する，アセスメントのためのケース会議を開催します。ケース会議では前項で述べたアセスメントの視点から情報収集，分析を行い，チームによる支援の必要性，並びに支援の方向性について検討します。日頃から教職員は，関わりのある児童生徒の理解に努めていますが，チームで支援を行う場合には，個々の教職員の情報を集約，整理し，複数の教職員による多角的な視点からその情報を分析した上で，支援方針・目標を設定し，その方針・目標をチームメンバーが共有した状態で支援に当たることが重要となり

ます。

　次に，アセスメントの結果から得られた支援方針・目標に基づき，問題解決のための具体的なチームによる個別の支援計画を作成します。ここで言う「具体的な」というのは，「何を目標に（長期目標と短期目標），誰が（支援担当者や支援機関），どこで（支援場所），どのような支援を（支援内容や方法），いつまで行うか（支援期間）」を明確にすることです。作成された「チーム支援計画」を作成し，支援目標を達成するために，「校内連携型支援チーム」で支援のコーディネーションを行いながら「機動的連携型支援チーム」や「ネットワーク型支援チーム」を編成していきます。

　アセスメントは一度行ったらそれで終わりというものではありません。初期の段階で必要な情報を全て揃えることは難しい場合も多々あります。収集した情報を基に支援を始め，支援を進めながら情報を取集し続け，定期的に開催されるケース会議の中で情報の集約，整理を行い，次の支援に生かしていくことが重要となります。

　また，収集した個人情報は慎重に取り扱われなければなりません。児童生徒の支援に関わる全ての人が守秘義務と個人情報の保護について高い意識を持つことが必要ですが，チームでの支援が求められる学校現場では，チーム内守秘義務（集団守秘義務）の下，必要な情報共有を行うという意識を持つことが求められます。

　学級，学年，学校の状況のアセスメントに基づき，必要な指導・援助を実施していきますが，指導・支援の実施のみで終わりにするのではなく，PDCAサイクルの考えに基づいて，実施内容を評価し，次の指導・援助につなげていくことが大切です。

[参考文献]
東京都教育委員会『児童・生徒を支援するためのガイドブック〜不登校への適切な対応に向けて〜』，2018年

（石川　満佐育）

24 生徒指導における 危機管理体制の ポイントはなんですか？

① 学校安全と学校危機

　学校が安全で安心な環境であることは，児童生徒の健全な成長や発達につながる前提条件になります。学校安全は，学校保健安全法第27条によって作成が義務付けられている「学校安全計画」に基づき，安全教育，安全管理，組織活動の側面から，全ての教職員で取り組むことによって実現される教育活動です（学校安全については文部科学省（2019）を参照してください）。

　学校安全を脅かすものに事件・事故や災害などがあります。それらによって，通常の課題解決方法では解決することが困難で，学校の運営機能に支障をきたす事態を「学校危機」と呼びます。学校危機は，個別レベル，学校レベル，地域レベルの危機に分類されますが，校内や学校管理下で発生した事件・事故にとどまらず，個人の事情，地域社会からの影響等により学校の対応が必要となるものも含まれます。

② 学校危機への介入

　『提要』では学校危機への介入について，事件・事故を回避し，災害の影響を緩和するために学校が取り組む「リスクマネジメント」と，事件・事故，災害発生直後に，被害を最小化し，早期の回復へ向けた取組である「クライシスマネジメント」の2点から説明をしています。

　リスクマネジメントでは，①危機管理マニュアルの整備，②危機対応の実践的研修，③日常の観察や未然防止教育等の実施などを行うことが重要です。

学校現場において危機管理マニュアルと呼ばれるものは，学校保健安全法第29条では「危険等発生時対処要領」とされ，各学校はその作成を義務付けられています（文部科学省，2018）。事件・事故や災害は，いつ，どこで，誰に起こりうるかを予想することが困難な場合もあります。そのような中で児童生徒の安全を確保するためには，危機管理体制を確立するために必要な事項を危機管理マニュアルとしてまとめ，危機管理における各教職員の役割等を明確にするとともに，実践的研修等を通して，全教職員が危機管理体制について共通理解することが不可欠です。また，危機管理体制は校内だけでなく，家庭・地域・関係機関等と連携し整備することが重要です。さらに，障害を持つ児童生徒や外国人児童生徒等，多様な背景を持つ児童生徒への対応も検討しておく必要があります。

　クライシスマネジメントについて，事件・事故・災害発生直後の初期の対応や早期の介入段階では，負傷者等への応急手当や救命救急処置，児童生徒の安全確保，保護者や関係機関への連絡を行います。その際，校内連携型危機対応チームを編成し，事実確認，情報共有，役割分担の確認等を行い，今後の活動の進め方などの判断を迅速に行う必要があります。中長期の支援では，児童生徒や教職員に対する心のケアに必要な対応を行うとともに，再発防止に向けた取組を進めていく必要があります。

　いじめや暴力行為が発生した場合，適切な初期対応が重要となります。被害を受けた児童生徒のケアを最優先にするとともに，問題を起こした児童生徒への指導を効果的にするため，また，保護者の理解と協力を得るためにも，丁寧な事実確認を行い，組織的に対応することが必要です。教職員は，日頃から問題行動が発生した際の対応について共通理解しておくなど，リスクマネジメントの意識の向上を図ることが求められます。

［参考文献］
文部科学省『学校の危機管理マニュアル作成の手引』，2018年
文部科学省『「生きる力」をはぐくむ学校での安全教育』，2019年

（石川　満佐育）

チーム学校で取り組む生徒指導

25 校則の運用・見直しは どのように行えば よいですか？

① 校則の運用

　校則の運用については，特に法令上の規定がないものの，教育目標の実現という観点から最終的に校長が定めるものとされています。学校は，これまで校則に基づく指導に当たって，学校の秩序や安全の維持を優先させ，ともすれば校則を守らせることのみの指導に陥っていることもありました。しかし，『提要』では児童生徒が校則を自分のものとして捉え，自主的に守るように指導することが重要であると述べています。そのため，入学時までに児童生徒や保護者に校則を周知し，その必要性についての共通理解を図るとともに，日頃から児童生徒に校則制定の背景や理由を説明し，理解を深めておくことが求められます。なお，学校は校則の運用に当たって，校則違反の児童生徒に退学や停学，叱責など懲戒等の措置を取る場合があります。その際，単なる制裁的な処分にとどまることなく，問題の個別の背景や事情にも十分に留意しながら，児童生徒の内省を促し，主体的・自律的に行動できるよう指導することが望まれます。

② 校則の見直し

　2017年の大阪府立高校生による「黒染め訴訟」を契機に，髪の黒染め，ツーブロックの禁止，下着の色指定など，プライバシーや人権の侵害に関する，時代に合わない理不尽な校則，いわゆる「ブラック校則」がマスコミ等に取り上げられ，校則見直しの世論が高まりました。この風潮を受け，文部

科学省は2021年に，各都道府県教育委員会等に「必要かつ合理的な範囲を逸脱」している校則を見直すよう求めました。

（１）見直し対象の校則内容

全国の学校や教育委員会は，現在の社会通念に照らして合理的な理由を説明できないものや，過度に詳細な内容まで規定しているものなどについて見直しを進めています。特に，①厳冬期の防寒具着用不可など健康上の配慮を欠く内容，②男子スラックス・女子スカートの明記など性や文化の多様性に配慮を欠く内容，③下着は白色のみ可など合理的な説明ができない内容などが見直しの対象となっているようです。

（２）見直しの取組手順

多くの学校等が2021年の文部科学省通知で示された見直しの取組事例などを参考にして，概ね次のような手順で見直しに取り組んでいます。①意見の収集：児童生徒や保護者などを対象としたアンケートを実施して，意見を聴取する。②対話の機会確保：児童生徒や保護者との信頼関係を高めるため，学級活動や生徒会活動，PTA 活動などと連携しながら対話を重視する。③校則の公開：児童生徒や保護者との共通理解を図るため，学校ホームページ等を通して校則の周知を図る。④適時の見直し：見直し後も柔軟思考で絶えず見直しを図る。

（３）今後の課題

1980年代，学校の多くは「学校の荒れ」に対処するため，細かな規則を定め規則を守らせることで学校の安定や秩序維持を図った経緯があります。そのため，今も「緩めれば学校が荒れる」「子どもの言い分だけ聞くのは危険だ」などの声が根強く残っています。実際，学習困難校等では細かく厳しい校則が必要視されていることも事実です。現在，大多数の学校が小幅な見直しにとどまっているとの指摘もあります。今後，思い切った見直しができるかどうかは，教職員の意識改革によるところが大きいと思われます。

[参考文献]
文部科学省「校則の見直し等に関する取組事例について」，2021年　　　　　　（横島　義昭）

26 懲戒の種類や 体罰の防止について 押さえておくべきことは なんですか？

　学校教育法第11条は，教育上必要があると認める場合，「児童，生徒及び学生に懲戒を加えることができる。ただし，体罰を加えることはできない。」と規定しています。特に重要なことは次のとおりです。

① 懲戒の種類

　懲戒を理解するに当たっては，懲戒の目的や種類を把握しておくことが必要です。懲戒とは，学校教育法に則って校長や教員が課すことのできる叱責や処罰です。その目的には，心身の成長発達上，児童生徒の問題行動を反省させ立ち直りを図るという教育作用としての側面と，学校の秩序維持のための制裁としての側面などがあります。

　懲戒は，「法的効果を伴う懲戒」と「法的効果を伴わない懲戒」の2種類に分けられます。法的効果を伴う懲戒とは，退学や停学など児童生徒の在学関係や身分に法的な影響を与える処分です。法的効果を伴わない懲戒とは，児童生徒の在学関係や身分に法的な影響を与えない事実行為としての懲戒です。2007年の文部科学省通知では，法的効果を伴わない懲戒の具体例として，児童生徒への叱責，起立，居残り，宿題や清掃当番の割当て，訓告などを示しています。

② 体罰の防止

（1）体罰とは

　2012年の大阪市立高校体罰自殺事件を契機に体罰禁止の世論が高まり，文

部科学省は2013年に各都道府県教育委員会等に体罰禁止の通知を出しました。これによれば，殴る蹴るなどの懲戒による「身体に対する侵害」や，正座や直立など「肉体的な苦痛を与えた」場合は，体罰に該当します。体罰が許されないのは，学校教育法で禁止されているのみならず，重大な人権侵害であり，児童生徒に次のような悪影響を与えるおそれがあるからです。①心身に癒やしがたい傷を残す。②恐怖心や屈辱感を与えるだけでなく，無力感や劣等感を増幅させる。③力による解決への志向を助長し，暴力やいじめなどの土壌を生む。④教職員と児童生徒との信頼関係を崩し，学校不信を招く。なお，たとえ体罰でなくとも，いたずらに注意や叱責を繰り返すなどの教職員による「不適切な指導」は，児童生徒を精神的に追い詰めることにつながりかねないことから，決して許されないことです。

（2）未然防止

　児童生徒の人格の完成を目指す教育活動において，体罰や不適切な指導は根絶しなければならないことであり，未然防止の対策は極めて重要です。ところが，体罰行使の禁止は，明治時代から法令（教育令）で定められているものの，いまだに根絶できていません。体罰が起こる背景は，学校に体罰を肯定し正当化する誤った考え方が根強く残っていること，加えて教職員の指導力不足や校内協力体制の不十分さなどが考えられます。

　そこで，防止対策としては教職員一人一人が人権意識を高めるとともに，児童生徒や保護者との信頼関係を日頃から築くことが望まれます。また，学校は教職員の意識改革に努め，指導力の向上を図れるよう，計画的に校内研修を実施するとともに，組織的な指導体制確立のための取組が求められます。

［参考文献］
文部科学省「問題行動を起こす児童生徒に対する指導について（通知）」，2007年
文部科学省「体罰の禁止及び児童生徒理解に基づく指導の徹底について（通知）」，2013年
文部科学省「体罰根絶に向けた取組の徹底について（通知）」，2013年
文部科学省「池田町における自殺事案を踏まえた生徒指導上の留意事項について（通知）」，2017年

（横島　義昭）

チーム学校で取り組む生徒指導

27 家庭・地域との連携の ポイントはなんですか？

今，社会全体で児童生徒の発達支援を支えることを目指す学校改革が求められています。家庭を含めて，地域の多様な魅力ある大人が学校を連携・協働の場とし，児童生徒の学びや育ちを支えます。ここでは，家庭や地域と連携するポイントについて説明していきます。

① 学校と家庭との連携・協働のポイント

（１）家庭とのパートナーシップ

保護者が子供の教育の最も重要な責任者であり，生活のために必要な習慣を身に付けさせ，心身ともに健全に発達するように努めることが教育基本法第10条では規定されています。したがって，児童生徒の発達支援のためには，学校と保護者とのパートナーシップを築くことが連携・協働のポイントとなります。パートナーシップを築くには，学校から情報発信し，保護者にも教育活動に積極的に参加してもらうように働きかけることが求められます。

情報発信には，学校の教育目標や生徒指導の方針等を学校だより，学校行事，保護者会などを通じて保護者と共通理解すること等が挙げられます。また，日頃からそれぞれの児童生徒のよかった行い等についても連絡帳や電話等で保護者に伝えると信頼関係が促進されます。

（２）ひとり親家庭の課題

ひとり親家庭は，年々増加しています。また，令和３年度の調査結果報告では，ひとり親家庭の約半数が貧困であると報告されており，児童生徒への影響が大きくなっています。ひとり親家庭の①子供についての悩みでは，

「教育・進学」,「しつけ」等,②ひとり親自身の困っていることでは,「家計」,「仕事」,「自分の健康」等が挙げられています。ひとり親家庭への支援は保護者と連携するために欠かせないため,SSWと連携して関わります。国や自治体の経済的援助（児童手当,児童扶養手当,ひとり親家庭医療費助成制度等）の活用も勧めます。

② 学校と地域との連携・協働のポイント

これまで学校と地域が一体となった学校教育の充実の取組が進められてきました。現在では,「学校を核とした地域づくり」が目指されています。代表的な取組には,コミュニティ・スクールと地域学校協働活動があります。

（1）コミュニティ・スクール（学校運営協議会制度）

学校運営等に対し,保護者や地域のみなさんが参加できる仕組みです。児童生徒の学びや体験活動の充実,地域人材を活用した教育活動,地域や保護者同士の人間関係の構築など持続可能な協働活動を行うことができます。児童生徒の地域の担い手としての意識も高まります。「地方教育行政の組織及び運営に関する法律」第47条の5で役割等が規定されています。

（2）地域学校協働活動

地域住民や保護者,民間企業等と共に学校教育や家庭教育,及び社会教育活動内容に応じて連携・協働し,学校を核とした地域づくりを目指すものです。活動は,登下校の見守りから,出前授業や授業補助,職場体験の場の提供等多岐にわたります。地域学校協働活動は,「社会教育法」第5条第2項（平成29年3月改正）に位置付けられています。

［参考文献］
厚生労働省「令和3年度全国ひとり親世帯等調査結果報告」,2021年
文部科学省「学校と地域でつくる学びの未来」

（田村　節子）

28 関係機関や福祉との つなぎ方のポイントは なんですか？

　学校は，公立・私立を問わず，家庭や地域の人々，地域の機関と連携・協働して児童生徒の成長と発達を促進する役割を担っています。社会資源である地域の関係機関は，教育関係，警察・司法関係，福祉関係，医療・保健関係，NPO 法人などです。これらの機関とつながり，継続した支援を行うためのポイントについて述べます。

① 関係機関の役割の理解

　学校と連携・協働する関係機関にはそれぞれの領域で，どのような機関があり，どのような役割をしてくれる機関なのかを理解しましょう。

①**教育関係の機関**：教育委員会，教育支援センター
②**警察司法関係**：警察，少年サポートセンター，保護司・更生保護サポートセンター，家庭裁判所等
③**福祉関係**：児童相談所，市町村等
④**医療・保健関係**：病院，保健所等
⑤**法人関係**：公益法人，NPO 法人（特定非営利活動法人）等

　その他，地域で子供の発達を支えているのが，地域運営組織，地域学校協働本部，要保護児童対策地域協議会等です。
　まず，地域にあるこのような社会資源の役割について理解し，地域や自治体により異なる関係機関について把握します。地域にある福祉の関係機関の

場所や連絡先などは，学校での研修会などを利用して一覧やマップを作成しておくことで，関係機関等に対する教職員の関心を高めたり，共通理解を促進したりすることができます。

② 児童生徒の将来を見据えた連携・協働

生徒指導の目的は，「児童生徒一人一人の個性の発見とよさや可能性の伸長と社会的資質・能力の発達を支えると同時に，自己の幸福追求と社会に受け入れられる自己実現を支えること」です（p.13）。学校と他の機関が連携する目的と意味は，最終的に児童生徒が社会の中で生きていくことができるようにすることです。そのためには，児童生徒の将来を見据えた継続的な支援が必要になります。特に発達障害などを含む障害のある児童生徒への支援，貧困や虐待など養育環境に課題のある児童生徒への支援，家庭の状況と関連する非行などについては，就学前から小中学校，高等学校まで継続的に学校と福祉関係機関とが協力する必要があります。

（1）情報共有と引継ぎ

多様な関係機関，多職種の専門家の協力は，対象の児童生徒の情報共有から始まります。児童生徒の情報の記録は，主語や述語，情報の提供者などを明確にします。さらに，児童生徒の問題への対応時の記録は，児童生徒の成長や発達に合わせ，引き継いでいくようにします。

（2）行動連携

学校と関係機関との行動連携には，学校と関係機関が課題を明確にし，共通の目標を設定し共有することが重要です。そして共有された目標に従って，関係者が役割と何をするかを明確にして実践していきます。各々が自分の役割と責任を果たすことが行動連携につながります。

［参考文献］
文部科学省「「学校と関係機関との連携について」報告書」，2004年

（家近　早苗）

29 いじめ防止対策推進法とは どのような法律ですか?

　2013年6月に「いじめ防止対策推進法」（以下，法）が成立し，同年9月から施行されています。児童生徒の生命や心身に重大な危険が生じる痛ましい事案が絶えず，法の成立も2011年に発生したいじめ自殺事件を契機とするものでした。

　いじめの問題については，個々の教職員のみで対処するのではなく学校が一丸となって組織的に対応すること，また，国や各地域，保護者も含め総がかりで取り組むことが必要かつ重要です。法を制定することにより，国や社会全体として真剣に取り組む決意を示しています。

① 法の概要

　法は，いじめが児童の教育を受ける権利を著しく侵害する行為であり，心身の健全な成長や人格の形成に重大な影響を与え，さらには生命や身体に重大な危険を生じさせるおそれがあるものであるという共通認識の下，いじめ防止のための対策を総合的かつ効果的に推進することを目的としています。

　そして，「いじめ」を定義し，基本理念を定め，いじめを禁止し，国，地方公共団体，学校の設置者，学校及び学校の教職員，保護者の責務を定めています。

　また，国，地方公共団体と学校に対してそれぞれに「いじめ防止基本方針」を定めるよう義務付けています（地方公共団体は努力義務）。

　学校の設置者や学校が実施すべき基本的施策として，道徳教育や体験活動等の充実，保護者・地域住民等との連携による支援や啓発，定期的な調査等

いじめの早期発見のための措置，児童・保護者・教職員がいじめについて相談できる相談体制の整備，インターネットを通じたいじめへの対策の推進等の措置を行うことを定めています。

　いじめの防止等に関する措置として，①学校がいじめの防止等に関する措置を実効的に行うため，複数の教職員，心理，福祉等の専門家等により構成される組織を置くこと，②いじめの事実の有無を確認し，学校の設置者に報告すること，③いじめがあったと確認された場合には，いじめをやめさせ，いじめを受けた児童・保護者への支援をすること，いじめを行った児童・保護者に対する指導・助言を継続的に行うこと，④いじめが犯罪行為として取り扱われるべきものと認めるときに所轄警察署と連携することなどを定めています。

　そして，いじめにより児童生徒の生命，身体，財産に重大な被害が生じた疑いがあると認めるときや，相当期間学校を欠席することを余儀なくされている疑いがあると認められるときのような重大事態に対処し，同種の事態の発生防止に資するため，学校の設置者や学校は組織を設け事実関係を調査し，いじめを受けた児童生徒やその保護者に事実関係等の情報を適切に提供することを定めています。

　ここでは，いじめの定義，国の基本方針の策定について特に解説します。

② いじめの定義

　いじめとは，法第2条で，以下のように示されています。

> 「いじめ」とは，児童等に対して，当該児童等が在籍する学校に在籍している等当該児童等と一定の人的関係にある他の児童等が行う心理的又は物理的な影響を与える行為（インターネットを通じて行われるものを含む。）であって，当該行為の対象となった児童等が心身の苦痛を感じているものをいう。

　教員は，いじめの定義を正確に理解する必要があります。

　「一定の人的関係にある」とは，学校の内外を問わず，同じ学校・学級や

部活動，塾やスポーツクラブ等の当該児童生徒が関わっている仲間や集団（グループ）など，当該児童生徒と何らかの人的関係がある場合を言います[*]。

「物理的な影響を与える行為」とは，身体的な影響のほか，金品をたかられたり，隠されたり，嫌なことを無理やりさせられたりすることを言います[*]。

このように，「いじめ」に当たる可能性のある行為は極めて広く定義されています。

そのような行為により，対象となった児童生徒が心身の苦痛を感じている場合に「いじめ」に当たると判断します。

個々の行為が「いじめ」に当たるか否かは，いじめられた児童生徒の立場に立って判断することが必要です。決して表面的・形式的に判断してはいけません。

いじめられた児童生徒は，いじめられていてもそのことを隠したり否定したりすることが往々にしてあります。したがって，いじめられた児童生徒がいじめを否定したとしても，その言葉をもっていじめがなかったと判断するのではなく，当該児童生徒の表情や様子をきめ細かく観察して確認する必要があります。けんかやふざけ合いについても，いじめが隠れていないか慎重に確認しましょう。また，加害した側が謝ったことをもって安易にいじめが解消されたと考えてはいけません。

いじめが解消している状態とは，①被害者に対する心理的又は物理的な影響を与える行為が止んでいる状態が相当の期間（３か月が目安）継続していること，②被害児童生徒が心身の苦痛を感じていないこと（被害児童生徒本人やその保護者に面談等により確認する）の２点を満たしているかで判断します[*]。

③ 基本方針の策定・改定のポイント

平成25年，「いじめの防止等のための基本的な方針」（以下，国の基本方針）が策定されました。その後平成29年に改定されています。「国の基本方

針」を踏まえて，地方公共団体は地域の実情に合わせた「地方いじめ防止基本方針」を策定する努力義務が課されています。また，各学校は，これらを受けてどのようにいじめの防止等の取組を行うかについての基本的な方向や取組の内容等を「学校いじめ防止基本方針」として定める義務があります。

「学校いじめ防止基本方針」を策定することにより，個々の教職員がいじめを抱え込まず，組織として一貫した対応ができることや，学校の対応をあらかじめ示すことにより，児童生徒やその保護者に安心感を与えるとともにいじめの抑止につながることが期待されています。

「学校いじめ防止基本方針」の内容としては，いじめの防止のための取組，早期発見・いじめ事案への対処，教育相談体制，生徒指導体制，校内研修等が想定されています。特に，いじめが起きにくい・いじめを許さない環境づくりのために，年間の学校教育活動全体を通じて，いじめの防止に資する多様な取組が，体系的・計画的に行われるように，包括的な取組の方針を定めたり，その具体的な指導内容のプログラム化を図ったりすることが必要です。

方針検討段階から保護者や地域住民，児童生徒の意見を取り入れながら「学校いじめ防止基本方針」を策定することや，基本方針を各学校のホームページに掲載したり入学時等に説明したりして周知することが求められています。

[参考文献]
＊文部科学省「いじめの防止等のための基本的な方針」，2013年（2017年改定）

（谷貝　彰紀）

いじめ

30 「いじめの重大事態」とはどのようなもので，どういった対処が必要ですか？

　いじめ防止対策推進法（以下，法）はいじめの重大事態への対処を定めています。これを受けて平成29年3月に「いじめの重大事態の調査に関するガイドライン」が策定されました。「いじめの重大事態」とはどのような内容か，それに対してどのような対処が必要かを解説します。

① 「いじめの重大事態」とはどのようなものか

　「いじめの重大事態」とは，法第28条により①いじめにより児童生徒の生命，心身，財産に重大な被害が生じた疑いがあると認めるとき（生命・心身・財産重大事態），②いじめにより児童生徒が相当の期間学校を欠席することを余儀なくされている疑いがあると認めるとき（不登校重大事態）の2種類に大きく分かれます。

　重大事態の例としては，次のようなものがあります。

・軽傷で済んだものの，自殺を企図した。
・多くの児童生徒の前でズボンと下着を脱がされ裸にされた。
・複数の児童生徒から金銭を強要され，総額1万円を渡した。
・欠席が続き（30日未満でも）学校への復帰ができないと判断し，転学（退学等も含む）した。

② 「いじめの重大事態」への対処

（1）教育委員会等への報告

　「いじめの重大事態」を認知したら，直ちに教育委員会等に報告します

（国立大学附属学校，公立学校，私立学校によって手続が異なります。以下公立高校を念頭に解説します）。「いじめの重大事態」は事実関係の確定を待たず，その疑いが生じた段階で報告・調査をすることが必要です。また，被害児童生徒やその保護者から申立てがあった場合は，学校側の考えとは違っていても，重大事態として扱います。

（2）調査

　教育委員会等は，調査主体を教育委員会自らとするか学校主体とするか，調査組織の構成を第三者のみとするか学校や教育委員会等に第三者を加えるか等を判断します。調査に当たっては，被害児童生徒やその保護者に対して調査の目的・目標や調査主体（組織の構成，人選），調査時期・期間，調査事項，調査対象（聴き取りをする児童生徒・教職員の範囲），調査方法（アンケート調査の様式等），調査結果の提供等，調査方針の事前説明を行います。調査に当たっては，事案に応じて「子供の自殺が起きたときの背景調査の指針　改訂版」（2014）や「不登校重大事案に係る調査の指針」（2016）も参照してください。

（3）調査結果の報告・対応

　調査結果は，被害児童生徒やその保護者に対し，適時に適切な方法で説明します。この際，個人情報の取扱いには十分注意が必要ですが，個人情報保護を理由に説明を怠ってはいけません。

　また，調査結果に基づき，状況に応じて被害児童生徒や保護者への継続的なケアを行います。加害児童生徒に対してもその保護者の協力を得ながら，自分の行為を振り返らせ，適切な指導を行うよう心がけてください。

[参考文献]
文部科学省「いじめの重大事態の調査に関するガイドライン」，2017年

（谷貝　彰紀）

31 いじめに実効的な組織体制とはどのようなものですか？

　いじめ防止対策推進法第22条において，全ての学校にいじめ対策の校内組織を設置することが義務付けられました。ここでは形骸化した組織体制でなく，いじめに実効的な組織体制として，複数の教職員，心理，福祉等の専門家その他の関係者により構成され，有機的に機能する組織体制の構築が必要です。

① 実効的な組織の構成

　実効的ないじめ対策組織の構成には，管理職がリーダーシップを発揮し，教職員全員の共通理解を図り，学校全体で総合的ないじめ対策を行う姿勢が必要です。いじめを教職員個人の責任にするのではなく，その情報をいじめ対策組織に報告・共有する義務があることを再確認し，生徒指導主事などを中心として協働的・有機的な体制を構築することが必要とされます。

　組織のメンバーは学校の規模や実態に応じて決定し，心理や福祉の専門家である SC や SSW，また，弁護士，医師，警察官経験者などの外部専門家を加え，多角的な視点から状況の評価や幅広い対応を行います。管理職の変更等があっても持続可能な組織とするため，コーディネーターを配置し，年間計画に位置付け，定例会議として開催するなどの工夫が必要です。

② 実効的な組織の役割

　実効的ないじめ対策組織として有機的に機能しているかを確認するため，以下の五つの役割が実際に機能しているかを検討する必要があります。

①学校のいじめ防止基本方針に基づく年間指導計画の作成・実行の中核的役割を果たし，校内研修の企画・実施を行っている。

②いじめの相談・通報窓口になり教職員が個別に認知した情報を収集・整理・記録して共有し，報告・相談できるよう環境を整備している。

③いじめの疑いがある場合，緊急会議，情報の共有，調査や聴き取り，指導・援助体制の構築，方針の決定と保護者との連携が行われている。

④学校のいじめ防止基本方針が学校の実情に即して適切に機能し，いじめ対策の取組が効果的であるか PDCA サイクルで検証を行っている。

⑤いじめの重大事態の調査を学校主体で行う場合には，調査組織の母体になっている。

③ 実効的な組織体制

　形骸化した組織体制ではなく，実効的な組織体制を持続可能なものとして運営していくために，管理職を中心とした実効的ないじめ対策のためのシステムの導入，組織風土の醸成，情報発信も欠かせません。『提要』では以下の３点が重要であるとされています（p.127）。

①教職員間での情報共有が可能になるように，アセスメントシートなどを活用して情報や対応方針の「可視化（見える化）」を図ること。

②「無知，心配性，迷惑と思われるかもしれない発言をしても，この組織なら大丈夫だ」と思える，発言することへの安心感をもてる状態（心理的安全性）をつくり出すこと。

③児童生徒や保護者の信頼を得るため，学校いじめ対策組織の存在及び活動が認識されるような取組（全校集会の際にいじめ防止の取組の説明をするなど）を積極的に行うこと。

（中井　大介）

32 いじめの未然防止・早期発見対応におけるポイントはなんですか？

　いじめ防止対策推進法には，学校及び学校の教職員は，①いじめの未然防止，②早期発見，③適切かつ迅速な対処を行うことが責務であると規定されています。『提要』ではこれまで以上に「未然防止」と「早期発見」が重視され，「課題未然防止教育」と「課題早期発見対応」のための組織的な取組と，その共通認識の浸透がポイントとされています。

① いじめに関する生徒指導の重層的支援構造

　いじめに関する生徒指導も，①発達支持的生徒指導，②課題未然防止教育，③課題早期発見対応，④困難課題対応的生徒指導の４層の支援構造となっています。いじめの未然防止・早期発見対応は，ここでは課題未然防止教育と課題早期発見対応に該当します。

（１）課題未然防止教育

　道徳科や学級・ホームルーム活動等において，いじめ防止対策推進法や自校のいじめ防止基本方針の理解を深めるとともに，「いじめをしない態度や能力」を身に付けるための取組を行います。

（２）課題早期発見対応

　日々の健康観察，アンケート調査や面談週間を実施するなどしていじめの早期発見に努め，予兆に気付いた場合は，被害（被害の疑いのある）児童生徒の安全確保を何よりも優先した迅速な対処を心がけます。

② いじめの未然防止教育のポイント

　いじめの未然防止のポイントは，いじめが生まれる構造といじめの加害者の心理を明らかにした上で，全ての児童生徒が「いじめをしない」態度や力を身に付ける働きかけを，生徒指導，各教科での学習，道徳科や特別活動，体験学習などを通じ継続的に行うこととされています。

（1）いじめる心理から考える未然防止教育のポイント

　頭で理解するだけでなく，行動レベルで「いじめはしない」という感覚を学校や家庭の日常生活で身に付ける働きかけがポイントです。事例の検討やロールプレイなど，体験的な学びの機会を用意し，児童生徒がいじめの問題を自分のこととして捉え，考え，議論し，いじめに対して正面から向き合うことができるような実践的な取組を充実させることが重要です。

　いじめ加害者の心理には，不安や葛藤，劣等感，欲求不満などがあることも指摘されています。加害者がいじめの加害行動に無自覚である場合も多く，丁寧な内面理解に基づき働きかけることがポイントです。児童生徒自身が自分の感情に気付き適切に表現することを学び，自己理解や他者理解を促進する心理教育の視点を取り入れた取組も重要とされています。

　働きかけのポイントになるいじめの衝動を発生させる原因には，①心理的ストレス（集団内の弱い者を攻撃し，ストレス解消する），②集団内の異質な者への嫌悪感情（凝集性が過度に高い集団で，基準から外れた者が嫌悪される），③ねたみや嫉妬感情，④遊び感覚やふざけ意識，⑤金銭などを得たいという意識，⑥被害者となることへの回避感情などが挙げられています。

（2）いじめの構造から考える未然防止教育のポイント

　いじめを防ぐには，「傍観者」の中からいじめを抑止する「仲裁者」や，いじめを告発する「相談者」が現れるかがポイントとされています。担任が，いじめられる側を「絶対に守る」という意思を示し，4月の学級開きの段階から日常の安全確保に努める取組を行い，担任への信頼感と学級への安心感を育み，学級全体にいじめを許容しない雰囲気を浸透させることが重要です。

いじめ

児童生徒の教員への信頼感や，安心感のある学級の雰囲気は，一朝一夕で育まれるものではありません。日頃の担任の個々の児童生徒への声かけや，学級集団に対する発話など日々の実践の中で育む必要があります。加えて，いじめの傍観者が「仲裁者」や「相談者」に転換するように促す取組を道徳科や学級・ホームルーム活動等で行うこともポイントとされています。

（3）いじめを法律的な視点から考える未然防止教育のポイント

　『提要』では，児童生徒が，いじめは人格を傷つける人権侵害行為であり，時には身体・生命・財産の安全を脅かす犯罪行為にもなるという認識と，被害者と社会に対する行為の結果への顧慮と責任があるという自覚を持つように働きかけることも必要とされています。

　そのような視点から，発達段階に応じて，いじめ防止対策推進法や自校の学校いじめ防止基本方針についての理解を深めるとともに，司法機関や法律の専門家から法律の意味や役割について学ぶ機会を持つことで市民社会のルールを守る姿勢を身に付けることも，未然防止教育として重要です。

③　いじめの早期発見対応のポイント

（1）いじめに気付くための組織的な取組のポイント

　いじめの存在に気付けないことや，担任の抱え込みから事態が深刻化するケースもあります。また最近ではSNSを介したいじめなど，表に出にくく，学校だけでは認知することが難しいケースも増えています。学校においては，児童生徒の表情や学級・ホームルームの雰囲気から違和感に気付き，いじめの兆候を察知しようとする学校の教職員の姿勢がポイントになります。

　主ないじめ発見のルートは，①アンケート調査，②本人からの訴え，③当該保護者からの訴え，④担任による発見が挙げられます。①については，いじめ防止対策推進法第16条で，早期発見のため定期的な調査を実施することが定められています。アンケートの実施は精度を高め，実施後も丁寧な確認を行い，少しでもいじめが疑われる場合，すぐに対応する必要があります。

　さらに，児童生徒に安心感を与える校内の見回りや，困ったときには先生

に相談したいという気持ちを生み出す教育相談活動なども大切です。また，家庭や地域，関係機関と連携し，いじめに気付くネットワークを拡げることも重要です。学校の「気付き」と家庭・地域の「気付き」を重ね合わせることで，学校だけでは見逃されがちないじめの早期発見が可能とされています。

（2）いじめ対応についての共通理解のポイント

　いじめの早期発見をした際は，特定の教職員で抱え込まず，「いじめ対策組織」に情報を集約し，下記の四つのステップで迅速かつ的確に対応することが大切です。

①いじめられている児童生徒の理解と傷ついた心のケア

　第一に，何よりも被害者保護を最優先します。二次的な問題（不登校，自傷行為，仕返し行動への不安あるいは仕返しを受けることなど）の発生を未然に防ぐため，いじめられている児童生徒の心情を理解し，一緒に解決を志向するとともに，傷ついた心のケアを行うことが不可欠です。

②被害者のニーズの確認

　第二に，「力になりたいのだけれど，何かあれば言ってほしい」と被害者のニーズを確認します。危機を一緒にしのいでいくという姿勢に基づき，安全な居場所の確保や加害児童生徒や学級全体への指導の具体的な支援案を提示し，本人や保護者から同意を得て選択してもらいます。

③いじめ加害者と被害者の関係修復

　第三に，いじめの加害者への指導と加害者と被害者との関係修復を図ります。加害者の保護者にも協力を要請し，加害者が罪障感を抱き，被害者との関係修復に向けて働きかけます。加害側の児童生徒へのアセスメントと支援が再発防止の鍵になり，被害者及び保護者への報告も必須です。

④ いじめの解消

　第四に，いじめの解消を目指します。解消の2条件（①いじめ行為が止んでいる，②被害児童生徒が心身の苦痛を感じていない）を満たしているかを本人や保護者への面談などを通じて，継続的に確認します。また，解消した後も，卒業するまで日常的に注意深く見守ることがポイントです。（中井　大介）

いじめ

33 いじめでの 保護者・地域関係機関 との連携体制における 留意点はなんですか？

　いじめ防止対策推進法には，いじめ被害者，いじめ加害者の児童生徒・保護者に対する支援，指導，助言等は，関係者の連携の下，適切に行われるように努めなければならないと明記されています。ここでの留意点は，いじめに対する重層的支援構造全体を通して，社会総がかりの連携という共通認識を浸透させ，日頃から「顔の見える関係」を構築しておくことです。

① 関係者の連携・協働によるいじめ対応の留意点

　社会総がかりでいじめの防止を目指すため，いじめを学校だけで抱え込まず，保護者に加え，医療，福祉，司法などの関係機関との連携を行うという共通認識を浸透させることが必要とされています。いじめ事象を把握した際は迅速に対応し，必要に応じて関係機関等との連携が図れるよう日頃から「顔の見える関係」を構築しておくことが大切になります。

　ここでは各学校の「学校運営協議会」や「いじめ問題対策連絡協議会」などを活用します。また，教育委員会等は共通認識を高めるため，地方自治体のホームページ等で，いじめ防止に関連した家庭向けの情報を積極的に発信し，いじめに対する家庭や地域の気付きが学校に届くよう情報窓口や相談体制の周知を図ることも必要とされています。

② 保護者・地域の人々との連携の留意点

（１）保護者との連携の留意点

　教育基本法第10条には「家庭教育」の規定があり，保護者は子供の教育の

第一義的な責任者とされています。そのため，いじめ防止対策においても保護者との連携・協働は欠かせません。一方，留意点として被害者及び加害者の保護者との連携が困難なケースもあります。特に加害者の保護者からの協力を得ることが難しいケースが見られます。

　被害者の保護者はもとより，加害者の保護者との連携を図ることがいじめの解消と再発防止において重要とされています。そのため，いじめ防止対策推進法や，学校のいじめ防止基本方針について，保護者と学校との間で共通認識を持つため，事前にいじめ防止への対応方針等について保護者に周知し，合意形成を図っておくことも必要です。

　保護者との連携・協働のための代表的な手段としては，学級・学年・学校だより等の通信，保護者会，PTA，三者面談，学校行事などがあります。日頃からの関係づくりはもちろん，あらかじめ学校で保護者へ電話連絡等をする事項を明確化しておき，いじめ事象が起こった場合には，すぐに連絡を取れるようにすることが保護者との信頼関係の構築にとって大切です。

（2）地域の人々との連携の留意点

　文部科学省の「いじめの防止等のための基本的な方針」には，子供の相談により多くの大人が応答できるよう，学校と家庭，地域が組織的に連携・協働する体制を構築する必要性が指摘されています。ここでは「地域学校協働活動」や「コミュニティ・スクール」が連携の機会の一つとなります。

　教育委員会には地域学校協働活動の機会を提供することが求められます。これらは地域の特色に応じて展開され，放課後子供教室，家庭教育支援活動，授業や部活動の補助など，発達支持的生徒指導の段階から，地域と学校関係者が協議し，いじめ防止対策を地域ぐるみで推進することが重要です。

[参考文献]
文部科学省「いじめの防止等のための基本的な方針」，2017年

（中井　大介）

いじめ

34 暴力行為への指導体制で 特に求められることは なんですか？

① 暴力行為への指導の目的

　暴力行為への指導は，暴力を振るう児童生徒の行為をとめよう，落ち着かせようとすることが多いです。これは緊急的な処置としてとても大事なことです。しかし，暴力行為への指導の目的は，児童生徒が自らを見つめ，自分の様々な課題に対して向き合うことです。暴力を振るう児童生徒は，環境やその児童生徒個人に何か課題を有している可能性が高いです。その課題を見つめ，解決に向かって一歩踏み出すことが大事です。つまり，暴力行為への指導の目的は，児童生徒が自己の課題を主体的に発見し，自ら対処できる力を発揮する「自己指導能力」を育むことです。

② 全校的な指導体制の確立

　暴力行為への対応とその後の支援は全校的な支援体制が必要です。暴力行為が生起したらまずは，自他を傷つける行動を制止し，児童生徒を落ち着かせる必要があります。暴力行為をした本人や児童生徒にけががあれば養護教諭・医療機関との連携の中で対応する必要があります。

　初期対応だけで終わらせてはいけません。その後，その行為について，どのように対処していくのか，見立てることが重要です。暴力行為の指導は，校内連携型支援チームである生徒指導部が中心となって行います。こうした仕組みを校内に確立しておくことが重要です。

　暴力行為が生起したら，暴力行為の背後にある児童生徒の援助ニーズを見

立てる必要があります。例えば，学習上の課題がある場合，児童生徒の家での虐待の被害や，他の家族が虐待の被害に遭っているケース，いじめの被害に遭っているケースなどがあります。暴力行為はこうした児童生徒にとっては，いわばSOSのサインであると見ることもできます。見立てるためには，児童生徒の心理面，学習面，社会面，健康面，進路面，家庭面の多角的な視点で理解していくことが大事です。そしてこの見立ては，校内連携型支援チームの中で行うことが重要です。教育委員会はもとより，外部の医療機関，警察，児童相談所との日頃からの関係づくりが大切です。

　暴力行為はいつ生起するか予測が難しいです。したがって，年度当初に，暴力行為への対応について，基本的なポイントを記したマニュアルを作成しましょう。できれば，マニュアルは視覚的に理解できるようなフローチャート式のほうがよいでしょう。

　そして，指導体制を校内に位置付けることも必要です。図はその流れを示したものです。問題行動に関する年間指導計画を立案し，生徒指導部会を定例で開催し，教職員との連絡・調整をします。そして，担任への支援，生徒指導に関する研修の推

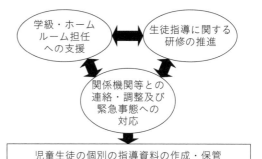

図　校内の生徒指導体制の確立

進，関係機関との連絡・調整をすることがスムーズな対応につながります。こうして児童生徒の個別の指導計画を作成していきます。

　指導体制は，毎年度，評価を行い，必要があれば改善します。教職員，保護者，学校運営協議会からの意見を聞くことも大事です。

（水野　治久）

35 暴力行為の未然防止，前兆行動の早期発見・対応にはどのようなものがありますか？

① 暴力行為の未然防止

　暴力行為を未然に防止するためには，生徒指導の重層的支援構造に照らし合わせて考えます。まずは，生徒指導の基礎部分の発達支持的生徒指導です。ここでは，児童生徒が他者を思いやり，他者を傷つけない人に育つことを意識します。そのためには，地域社会をも巻き込んで，暴力がないコミュニティ，学校づくりを目指します。どのような葛藤状況でも，温かい雰囲気を醸し出し話し合っていく姿勢が大事です。児童生徒一人一人の発達を支持し，児童生徒が自分の得意分野を発揮しながら学校生活を送ることができるようにサポートします。

　次に，学校において，暴力行為の課題未然防止教育に力を入れます。道徳科や特別活動などの授業の中で，暴力行為を取り上げます。そのときに必要なことは，暴力行為や正当な理由もなく刃物を携帯する行為は，非行に当たり，警察による捜査・調査，児童相談所による措置や家庭裁判所などによる処分の可能性があることを児童生徒に伝えることです。もちろん，暴力行為には被害者がおり，体の傷や心の傷の治療が生じます。心の傷は，その人の人生に長期にわたり影響を与えます。暴力行為の被害者が「相手の反応が怖くて，人と関わることができない」といった気持ちになることは珍しくありません。暴力が物に向かう器物損壊も同様に犯罪行為であり，物だけでなく，人の心を傷つけます。器物損壊行為を目撃した他の児童生徒は恐怖や不安な気持ちになります。学校における器物損壊は，学習活動に影響します。暴力

行為の課題未然防止教育で盛り込みたい内容です。暴力行為は，被害者の人生に大きな影響を及ぼすことを児童生徒に理解してもらう必要があります。

　また，道徳教育，人権教育などで，暴力について，教材を使用したり，話し合いの場を持ったりして，暴力行為の未然防止を自身の問題として児童生徒に捉えてもらうことがポイントです。児童生徒が出会う様々な課題，葛藤状況，問題解決を暴力ではなく，話し合いにより展開するという点では，社会科教育，特に共生社会を実現するための市民性教育にも通じるところがあります。ソーシャル・スキル・トレーニングは暴力の予防に効果的です。友達との争い事の解決方法，友達への謝り方など，暴力を回避し，上手に葛藤が解決できるようになる術を具体的に児童生徒に伝えます。また，自分の気持ちを言葉で表現できる方法の学習などで，暴力によらない自己主張の方法を身に付けます。加えて，対人関係に関するスキル，感情と行動の関係を，ソーシャル・エモーショナル・ラーニング（SEL：社会性と情動の学習）として取り組むことは，暴力の未然防止に役立ちます。こうした取組は，SCとの協働によって行うことができます。

② 暴力行為の前兆行動の早期発見・早期対応

　児童生徒の暴力の早期対応のポイントは，前兆行動を把握し，子供のニーズを理解することです。次頁の図 1 は，暴力行為の前兆行動に気付くための視点を図式化したものです。学級全体のアセスメント，個人のアセスメントの二つの側面から解説します。まず，学級全体，学年，学校の雰囲気のアセスメントです。学級が落ち着かず，なんとなくざわざわしている。力の強い児童生徒が，暴言を繰り返しており，それに感情的に反応する子供が多いという状況的な要因が，暴力行為を助長する雰囲気を醸し出します。こうした学級，学年に介入することが大事です。学級経営の見直し，ルールの確立，授業の立て直しが重要です。

　次に，児童生徒個人のアセスメントです。児童生徒の学習面・進路面・健康面・心理面・社会面（交友関係），家庭面などについて，総合的に見てい

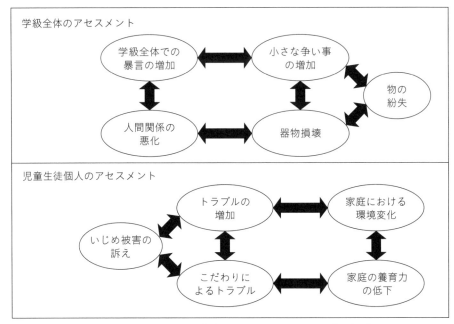

図1 暴力行為の前兆に気付くためのアセスメント（見立て）

く必要があります。例えば，いじめの被害の訴えがある場合，周囲に加害児童生徒がいる可能性があります。また，児童生徒の被害感が強かったり，勝負事にこだわるような傾向がある場合は，暴力行為につながりやすいことが想像されます。

　こうした児童生徒のアセスメントは，SC に相談しながら進めるとよいでしょう。子供の暴力行為の背後に家庭内の様々な事情が隠れている可能性があります。特に，虐待の被害には注意を払う必要があります。大人やきょうだいの暴力による被害だけでなく，目の前で暴力場面や激しい口論に晒されることも虐待です。また，ネグレクトやヤングケアラーなど，家庭でストレス状況に晒されていると，イライラすることが多く，ちょっとしたことに腹を立て暴力行為に至る可能性があります。ですからこうしたニーズのある児童生徒に注目し，支援をしていく必要があります。暴力行為の前兆を，児童

生徒の SOS のサインと捉えることが大事です。

③ 暴力行為の早期発見・早期対応における連携

　暴力行為の早期発見・早期対応は，担任が一人で行ってはいけません。校内連携型支援チーム（生徒指導部会等）で対応します。校内の支援チームは，担任，生徒指導主事，学年主任，教育相談コーディネーター，養護教諭，SC，SSW からなり，管理職へ適宜報告をしていきます（図2参照）。また，必要に応じて管理職が最初からチームに入る場合もあります。こうした校内の様々な立場の担当者が集まり，児童生徒の暴力行為の早期発見，早期対応をします。

　暴力行為の兆候が認められる児童生徒のアセスメントを校内連携型支援チームで行い，外部機関との連携が必要だと判断されれば外部と連携しながらネットワーク型支援チームとして当該の児童生徒の支援を展開します。例えば，暴力行為の背景に家庭の様々な状況があるとします。その場合は，教育委員会と連携を図りながら，地方公共団体の福祉部門との連携が考えられます。また，虐待のリスクがある場合は，児童相談所などとの連携が鍵となります。加えて，暴力行為の背景に非行傾向が認められる場合は，教育委員会と連携しながら，警察や少年サポートセンターとの連携をします。

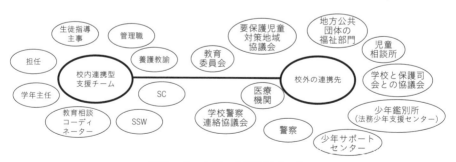

図2　ネットワーク型支援チーム

（水野　治久）

36 暴力行為の被害を受けた児童生徒等へのケアのポイントはなんですか？

① 被害を受けた児童生徒の理解とケア

Q35で述べたように，暴力行為を受けた児童生徒のケアは，教員一人で行うのではなく，「校内連携型支援チーム」で行います。そして，校内連携型支援チームを基盤に外部機関と連携しながら「ネットワーク型支援チーム」として展開していきます。被害児童生徒の状況を確認しながら，個別の指導・援助計画を立てます。

まずは初期対応です。暴力行為を受けた場合，けがの有無について状況を把握します。ここでは養護教諭が核となります。保護者に連絡をし，医療につなぐ必要がある場合は，医療機関へ被害児童生徒を連れて行きます。その場合は，医師の診断，助言の情報を被害児童生徒及び保護者の了解の下で入手する必要があります。今後の当該児童生徒の個別の指導・援助計画の参考にします。

次に，中長期的ケアの段階となります。けがが軽症の場合は，短期間で治癒します。しかし，心の傷は長く残るケースがあります。心の傷は，今回の暴力行為の被害だけでなく，今までの被害の状況，加害者との関係性が影響します。特に，被害が以前からあった場合には，本人の状況を詳しく聞く必要があります。いじめ被害として扱う必要性も出てきます。加害者は，「いじり」と捉えているような，殴る仕草や故意にぶつかるといった行為も，広い意味での加害です。被害者には暴力を連想させ，心の傷は深まります。このようなケースの場合，被害児童生徒は，教室で引き続き勉強することが難

しくなる場合があります。学習支援も含め、被害児童へのケアを考える必要があります。

　また、被害児童生徒に他の被害経験がないかどうかの確認も必要です。家庭での虐待の被害、面前 DV の被害があるケースもあります。この場合は、SSW に相談しながら、児童相談所などに相談することになります。

　したがって、被害児童生徒の心の傷を判断するためには、複合的な視点が必要です。しかしながら、傷ついている児童生徒に、現在及び過去の被害経験を尋ねる際は、慎重な配慮が必要です。SC、SSW に相談することが大事です。その意味で、校内連携型支援チームでのケアがポイントです。特に被害児童生徒のケアは、SC との連携が鍵となりますので、SC が常駐していない学校においては訪問日を調整するか、教育委員会のカウンセラー（公認心理師や臨床心理士）の派遣を要請してもよいでしょう。いずれの場合においても、校内連携型支援チーム、管理職とよく相談しながら進めます。

② 被害を受けた児童生徒の留意点

　児童生徒の被害が長期に及んでいる場合、精神的に不安定な場合は、保護者と連携しながら、子供の発達や心理のケアに詳しい医療機関につなぐ必要があります。養護教諭や SC が医療機関の情報を持っていることがあります。この場合は、児童生徒本人、保護者との連携が鍵となります。暴力行為が少年事件として取扱いを受けることになった場合、警察や少年司法の各段階において、被害者支援のための相談窓口があります。いじめ被害を疑う場合は、被害の聞き取りの必要性が出てきます。このようなケースの場合は、医師やSC、保護者と相談しながら進めます。

　暴力行為を受けた児童生徒が教室に復帰し、精神的に安定し、学校生活を送れるようにすることが支援の目標になります。そのためには、暴力行為の被害だけでなく、被害児童の学習面や進路面の願いや希望、友人関係についても考慮に入れる必要があります。被害に遭った児童生徒のケアは、長期的な視点で行う必要があります。

（水野　治久）

37 非行行為への対応における聴き取り・記録のポイントはなんですか?

　非行行為は多様な意味で用いられますが，一般的に法律を犯す行為あるいは社会規範から逸脱する行為のことであり，警察の補導の対象となる場合もあります。深夜徘徊，家出や怠学なども非行につながる行為として生徒指導上の対応が必要です。その対応の中心になるのが担任や生徒指導主事です。

① 面接における情報収集

　面接の目的は，非行行為をする児童生徒を罰することや排除することではなく，支援が必要な「苦戦している子供」へどう支援するかを見いだすことです。非行行為に関連する要因について多面的で包括的に理解するように情報を収集します。

(1) 個人の理解

　非行行為をする児童生徒を理解するために，次の点を押さえておく必要があります。まず，学習面での遅れや学習障害が非行の要因になることがある（押切，2019）ことから，学習面の理解です。学習面での苦戦が子供の自尊感情を低下させ，逸脱した行動を引き起こしているかもしれません。また，非行に関連する心理・社会面の特徴として，責任回避が挙げられます。環境や他人のせいにせず，自分の責任を考えるように働きかけます。

(2) 環境の理解と資源の把握

　非行の問題には，家庭や友達集団，学校・地域が関係していることや，児童虐待が関係していることも少なくありません。児童生徒の非行行為に影響を与えている環境に働きかけることで，非行行動が改善される可能性を前提

として聞き取りをします。特に児童生徒の何らかのよさや強み（自助資源）や児童生徒を心配している人（援助資源）も把握し，活用します。

② 情報共有を前提とした記録の取り方

　児童生徒の非行行為は一過性のことも，繰り返されることもあります。特に非行行為を繰り返す児童生徒には，学校全体の教職員の情報共有と対応の理解が必要です。警察や児童相談所などの関係機関と連携する際には，教職員だけが分かる専門用語を使用せず，誰が読んでも理解できる記録にします。

（１）事実を正確に記録する

　例えば暴力行為により児童生徒がけがをした場合，事故なのか，けんかなのか，誰かが意図的に行ったものなのか，その場にいたのは誰か，誰か見ていたかなどを把握します。事実を正確にするためのポイントとして，主語と述語を入れ，情報が誰から得られたものなのかを明確にします。

（２）指導や支援者の役割を記録する

　情報を整理，統合して，問題の中心はどのような点か，どこに焦点を当てるのかを明確にして支援や対応を決定します。さらに，誰が何をするか，どのような役割を取るか，どの場で行うかなどを明確にし，支援の内容を周囲の者に伝えます。非行行為への対応は，生徒指導主事や生徒指導部だけがするものではありません。学校全体の教職員が責任を持って児童生徒への支援を行うことで，児童生徒の問題の早期解決と成長につながります。

［参考文献］
押切久遠「非行の理解と非行をする子どもの援助」野島一彦・繁桝算男監修，石隈利紀編『公認心理師の基礎と実践18巻　教育・学校心理学』遠見書房，2019年

（家近　早苗）

暴力行為・少年非行

38 非行への対応で, 関係機関との連携において 大切なことはなんですか?

　児童生徒の問題への対応は, 学校や教職員だけでは限界がある場合があります。特に非行を繰り返す児童生徒への対応は, 関係者や関係機関がチームとなって進めます。

① 非行少年と関わる機関

　非行少年の処遇に関わる機関は, 警察, 少年サポートセンター, 児童相談所, 家庭裁判所, 鑑別所, 児童自立支援施設, 児童養護施設, 少年院, 保護観察所などが挙げられます。非行少年に関連する機関というと警察・司法の機関と考えられますが, 非行の背景には家庭環境や虐待などの問題が関連している場合があり, 福祉や医療の機関との連携も考えられます。

　特に児童福祉法において処遇される非行少年の場合, 保護者の養育や家庭的な課題が少年の非行を引き出していると捉えます。上述の機関の中で, 児童自立支援施設, 児童養護施設は, 児童福祉施設であることから保護という考え方で施設処遇をします。

　では, 具体的な事例を通して考えてみましょう。

　中2のAは, 深夜徘徊, 喫煙, 万引きなどを繰り返し, 集団での暴走行為, 暴力行為のため警察に逮捕され, 少年鑑別所に入りました。保護者は, 少年が小3時に離婚し, 母親と妹の3人で生活していますが, 母親は精神的な疾病があり就労していません。学校では, 友人への暴力や教職員への暴言・暴力が続いていました。

　Aには, これまでに福祉関係の機関として幼少期に児童相談所, 保護者の

生活保護に関して社会福祉事務所と病院とが関わっています。また警察・司法機関として警察，少年鑑別所，家庭裁判所なども関係しています。そして，今後は児童自立支援施設，児童養護施設，少年院など司法と福祉の機関が関わる可能性があり，一人の非行少年に対する支援は，教育，福祉，医療などの領域を超えて行われることが理解できると思います。

② 学校の役割

　このように，教育，福祉，医療などの領域を超えて関係機関が連携するためには，学校がその中心となり，コーディネーションを行う必要があります。

（１）学校内のコーディネーション

　校長の責任の下，生徒指導主事，教育相談コーディネーター，特別支援教育コーディネーターなどが，児童生徒の問題状況の解決のために，校内で必要な支援者を判断し，適切なチームを立ち上げて校内の情報共有を図ります。また，管理職を中心に学校外の機関との連携についても決定します。

（２）関係機関とのコーディネーション

　関係機関との連携は，校長と生徒指導主事などのミドルリーダーが中心となって行います。支援者間での行動連携のために情報を一本化すること，各機関ができることを調整します。

（３）定期的な連携のコーディネーション

　関係機関との連携は，児童生徒の問題状況が解決するまで行いますが，学校外の機関に相談したことで，学校の責任がなくなったかのようになることがあります。そうならないように，チーム会議を継続的・定期的に設定します。会議の終了後，次の会議予定を忘れずに決める工夫をします。

　非行少年の対応では，児童生徒を排除するのではなく，その問題を「成長の機会」と捉え，成長できるように働きかけることが重要です。

（家近　早苗）

39 児童虐待には どのような種類が ありますか？

　児童虐待というと，親が子供を叩く，殴る，蹴る等の暴力行為をイメージしがちですが，他にも様々な種類があります。

① 児童虐待の定義

　「児童虐待」とは，児童虐待の防止等に関する法律（以下，児童虐待防止法）第2条に「保護者（親権を行う者，未成年後見人その他の者で，児童を現に監護する者）による子供に対する身体的虐待，性的虐待，ネグレクト，心理的虐待」と定義されています。

② 児童虐待の種類

（1）身体的虐待

　身体的虐待は，子供の身体に外傷が生じ，又は生じるおそれのある暴行を加えること，と定義されています。具体的には，殴る，蹴る，首を絞める等の暴力行為の他，泣き止まない乳幼児を激しく揺さぶる，戸外に閉め出す，意図的に病気にさせる等が挙げられます。

　子供の身体に対して直接危害を加えるのは，虐待の中では最も多い行為です。これらは，他の虐待に比べて再発率が高く，そして子供の死亡率も高いという特徴があります。また，次第に行為がエスカレートしていく危険性も高いため，発見したら早急に対応することが求められます。

（2）性的虐待

　性的虐待は，子供にわいせつな行為をすること，あるいはさせることと定

義されています。具体的には，性行為をすること，させること，それらの場面を見せること，ポルノグラフィーの被写体にすること等です。

　他の虐待に比べ，周囲から気付かれにくく，繰り返されエスカレートする特徴があります。また，時間が経過して，例えば成人になってから振り返って虐待と気付くこともあり，さらには，気付いたとしても，恥ずかしくて周囲に打ち明けることができない場合もあります。

（3）ネグレクト

　子供の心身の正常な発達を妨げるような著しい減食あるいは放置，その他保護者としての監護を著しく怠ること，と定義され，育児放棄とも言われます。具体的には，食事を与えない，お風呂に入れない，洗濯をしない，病院に連れて行かない，乳幼児だけを残して放置する等が挙げられます。また，第三者による虐待を放置する，登校させない等も含まれます。

　保護者は，自分自身が積極的に暴力を加えていない分，虐待をしているという認識を持ちにくいという特徴があります。

（4）心理的虐待

　子供に著しい心理的外傷を与える言動を行うことと定義されています。具体的には，脅迫，無視，否定的な態度を示す，他のきょうだいと著しく差別する，自尊心を傷つける言動を繰り返す，子供の目の前でDV（家庭内暴力）を行う等が挙げられます。

　他の虐待と重複していることが多く見られます。不適切な養育環境のため，愛着の形成や情緒発達に影響を及ぼすことがあります。

［参考文献］
神奈川県児童相談所『子ども虐待防止ハンドブック』，2020年

（名古屋　学）

児童虐待

Q&A

40 児童虐待が疑われた際に学校にはどのような役割が求められますか？

　児童虐待は児童の人権を著しく侵害し，その心身の成長及び人格の形成に重大な影響を与えるため，早期対応が重要になります。しかし，誰が見ても虐待と分かる場合はまれで，子供の外見からは判断ができない場合がほとんどです。そのため，日々の子供の様子を観察しておくことが大切です。

① 早期発見に努める

　学校は，子供がその一日の大部分を過ごす場所であり，教職員は日常的に子供たちと長時間接しているため，子供たちの変化に気付きやすく，虐待の早期発見ができる立場にあると言えます。

(１) 子供の変化に気付く

　日々の行動観察が大切です。毎日接していると，子供の変化に気付く機会が多くあります。例えば，授業中の態度，発言の際の声の調子，ノートの取り方，テストの成績の他にも，休み時間の過ごし方，クラスメイトとの関わり方，給食の食べ方，掃除の時間，クラブ活動や委員会活動，部活動での様子等が挙げられます。そこで，いつもと違う，と感じたら，その気付きを大切にして，改めて子供を観察しましょう。

(２) 複数の目で捉える

　最初に気付くのは，担任の場合が多いと思います。同じ学年の先生，他の教科を担当する先生，養護教諭等，日頃の子供の様子を知っている，複数の教員の目で確認をしましょう。

② 通告の義務

　児童虐待を発見，あるいは虐待が疑われる事実を発見したら，学校は，市町村の虐待対応担当課や児童相談所へ通告する義務があります。

（1）通告の際の注意

　複数の目で確認した後，管理職を含め，校内委員会で確認をし，役割分担をしながら対応することが大切です。

（2）疑わしい場合も通告する

　児童虐待防止法の改正により，通告の対象は「児童虐待を受けたと思われる児童」に拡大されています。そのため，必ずしも虐待の事実が明らかでなくても，通告の義務が生じます。

（3）守秘義務や個人情報保護との関連性

　児童虐待防止法では，刑法（守秘義務）や個人情報保護法（利用目的，第三者提供の制限）を，「通告をする義務の遵守を妨げるものと解釈してはならない」としています。つまり通告後に虐待の事実がなかったと確認されたとしても，通告した者が罪に問われることはありません。

③ 児童相談所や市町村（虐待対応担当課）への情報提供

　対象の子供又は保護者やその他の関係者に関係する資料又は情報の提供などを求められた場合は，必要な範囲で提供することができます。

④ 虐待防止のための子供及び保護者への啓発

　国や県のチラシの配付，懇談会で話題にするなど，虐待について，様々な機会を通して啓発を行います。

[参考文献]
玉井邦夫『新版　学校現場で役立つ子ども虐待対応の手引き』明石書店，2013年
神奈川県児童相談所『子ども虐待防止ハンドブック』，2020年

（名古屋　学）

41 虐待対応のための校内体制・アセスメントはどのようにしたらよいですか？

虐待と思われる事実を発見したら，学校はどのように対応する必要があるのでしょうか。また，どのような情報を集めたらよいのでしょうか。

① 校内での連携協力体制

子供の身体に大きなあざや傷等があるのを発見した場合，動揺してしまうのは当然です。発見者自身が落ち着いて，事実を適切に把握するためにも，校内で連携して複数の目で確認することが大切です。

（1）養護教諭や他の教員との連携

児童虐待は，担任が気付くことが多いでしょう。その際，保健室に一緒に行き対応できるとよいでしょう。保健室は周囲からの子供への影響も少なく，養護教諭による心身への応急処置もできます。さらに，静かな環境で人目を気にせず，ゆっくり，安心して話ができるような環境調整が可能です。

また，教科担当やクラブ活動，委員会活動等で子供と関わる機会のある他の教員とも連携し，情報を共有しましょう。

（2）校内連携型支援チームでの対応

対応は一刻を争う場合もありますので，早急に管理職に報告するとともに，校内連携型支援チーム（生徒指導部会等）で対応することが大切です。

チームの中では，児童相談所や教育委員会等外部関係諸機関との窓口担当，対象児のケア担当，保護者対応担当，クラスの他の子供のケア担当等，適切に役割分担をしながら対応に当たります。そして，それぞれの立場からの情報を共有し，不足情報を集め，アセスメントを行い通告の準備をします。

（3）児童相談所等への通告

　児童虐待への対応は，専門性の高い関係諸機関と連携して行う必要があります。虐待が疑われる場合は確証がなくても，ためらわずに通告する必要があります。通告義務は守秘義務より優先され，守秘義務違反にはなりません。

（4）学校が通告を判断する際のポイント

　学校が通告を判断する際には，次の点に留意しましょう。

①明らかな外傷（打撲傷，あざ（内出血），骨折，刺傷，やけどなど）があり，身体的虐待が疑われる場合。

②生命，身体の安全に関わるネグレクト（栄養失調，医療放棄など）があると疑われる場合。

③性的虐待が疑われる場合。

④子供自身が保護・救済を求めている場合。

② 関係諸機関との連携

（1）児童相談所

　児童福祉法に基づき設置されている，18歳未満の子供に関するあらゆる相談に応じる機関です。児童の安全確保と調査を目的に，一定期間児童を保護できる「一時保護施設」を併設しているところも多くあります。

（2）市町村の虐待対応課

　市町村にも，児童虐待に対応する課があります。福祉課，こども課，子ども家庭課など，名称は市町村によって異なります。

（3）要保護児童対策地域協議会（要対協）

　市町村に設置されています。協議会の目的は，「要保護児童の適切な保護又は要支援児童若しくは特定妊婦（以下，要保護児童等）への適切な支援を図るため，関係機関等により構成される協議会を設置し，必要な情報の交換を行うとともに，要保護児童等に対する支援の内容に関する協議を行うもの」とされています。学校も，このネットワークに参加します。

③ アセスメント

　身体的虐待は，外見からは分かりにくい，衣服に隠れる場所に行われることが多いため，様々な情報から子供の状態のアセスメントを行い，危険度を判断する必要があります。

（1）外見から気付く場合

①服装の汚れや乱れ

　明らかに季節外れの服を着ている，服の汚れが目立つ，裾がほつれたり穴があいたりしている服を着ている等，適切にケアされていない。

②身だしなみ

　髪型，爪の汚れの他，明らかに長期間入浴していない等，清潔を保てていない。また，例えば保健室で手当てしたものが数日間そのままになっている等，けがの手当がなされていない。

（2）日々の行動観察から変化に気付く場合

①不自然な振る舞い

　急に粗暴な行動が目立ってきた，周囲に暴言を吐く等が目立ってきた，身体に触れようとすると怯える，ベタベタと甘える，給食をガツガツ掻き込むように食べる，過度に礼儀正しい等の変化がある場合は注意が必要です。

②落ち着きがない

　何かに怯えている様子がある，じっとしていることができない，そわそわしている等が見られる場合も，注意が必要です。けがが癒えておらず疼痛がありもじもじする場合もあります。

③自尊感情の低下

　授業中の発言が極端に消極的になった，大人の顔色をうかがうようになった，「どうせ私なんか」といった発言が増えた等の変化にも注意しましょう。

④提出物の遅れ

　家庭でケアされていないと，集金や出欠確認，行事の参加承諾等の提出物が滞ります。子供が保護者にプリント等を渡すことができない場合，あるい

は，渡すことができても保護者が確認しないという場合もあります。

（3）健康診断の際に気付く場合

　定期健康診断は体操服等で実施するため，日頃の服装より肌の露出が多くなり，傷やあざなどを発見しやすくなります。また歯科健診では，虫歯治療の様子や口腔内の傷等を発見しやすくなります。虐待ケースの場合，これらを見越して，保護者が健康診断の日だけ欠席させる，という事例もあります。

①目視から発見

　傷跡やあざ等を確認します。傷の数や場所，古さなども重要です。また，本人に状況を説明し管理職の立ち会いの下，記録写真を残す場合もあります。

②身長や体重の記録から推測

　身長や体重を定期的に記録することにより，家庭での食生活などを推測することができます。ネグレクトの場合，顕著に表れる場合があります。成長曲線や BMI（Body Mass Index）等が参考になります。

（4）面談等で話題になった場合

　子供が話しやすいように安心感を与えるよう心がけ，傾聴します。

①事実のみを聞き取る

　子供は，そのときの状況を適切に言語化することが難しい場合もあります。その際，誘導したり取り調べのようになったりすることは避け，事実を聞き取ることができるようにし，詳細を聞き取ることは避けます。

　特に性的虐待をうかがわせるような発言があった場合，誘導する質問の仕方は避け，子供が発した言葉を記録し，速やかに児童相談所に通告します。

②子供から「誰にも言わないでね」と言われたら

　子供との信頼関係は大切ですが，虐待から子供を守るための通告は裏切りではありません。相談の流れの中で，「あなたのことを守るために，他の人と協力する必要がある」ということを，話しておく必要があります。

（名古屋　学）

42
自殺予防のための教育相談体制はどのように考えたらよいですか？

　文部科学省（2022）の発表によると，2021年度の小，中，高校生の自殺者は368人でした。1974年の調査開始以降過去最多人数であった前年度の415人に比べるとやや減少したものの，依然として高水準で推移しています。また，10代の若者の死因の1位が自殺であるのはG7の中でも日本のみです。こうした現状を踏まえ，現在では，各学校が自殺予防教育に取り組むことが義務付けられるようになっています。

① 自殺予防のための組織体制づくり

（1）子供の自殺予防の重要性

　上地（2003）によると，中学校・高等学校教員の5人に1人は生徒の自殺に，3人に1人は自殺未遂に遭遇したことがあるとされています。2006年に自殺対策基本法が制定され，ここ数年では「国民全体の自殺者数」は減少傾向にあります。しかしながら，この2006年度以降では，子供の，特に中高生の自殺者数は，むしろ増加傾向であり，上記の法整備後もその対策が功を奏しているとは必ずしも言えません。

　子供の自殺は，未来ある若者のかけがえのない命が失われていくことを示します。自殺という結果を選ばざるを得なかった子供の家族はもちろんのこと，その衝撃の大きさは周囲の子供や学校全体に波及するため，多くの教育活動の実施にも多大な影響をもたらすことがあります。そのため，自殺やその未遂の予防を考えることは，リスクの高い子供だけではなく，全ての子供の健康と，教育を受ける権利を保障することにつながります。

（2）自殺予防と教育相談の体制づくりの重要性

　自殺の原因は複合的であり，ほとんど一つに絞れないことはよく知られています。しかし，少なくとも悩みや苦しみを解決する見通しがなく，孤独感に苛まれ，絶望した気持ちが引き起こす（時に衝動的な）行動であると考えられます。子供の自殺を予防していくためには，私たち大人が，子供たちの発するサインに気付き，悩みに耳を傾け，受け止めながら安全を確保し，当該児童生徒の抱える問題の解決を支援していくことが大切です。

　しかし，担任であれば一度に数十名の児童生徒に対応する必要がありますし，子供の不調に気付きやすい養護教諭でも，全てを一人で行うことはできません。さらには，実際に既遂や未遂が起きてしまった場合は，医療や心理の専門家であっても一人でその問題を抱えることは困難です。事が起きてから，慌てて組織的な対応を取ろうとしても失敗し，多くの人が傷ついてしまいます。実際に，組織がうまく構築できずに個々人の信念に基づく対応になった挙句，結局は担任等の個人の責任に還されてしまったり，教職員組織が瓦解してしまったりすることもあるのです。様々な困難が起きてから，もしくは起きるリスクが急激に高まってから，組織をつくるのでは遅いのです。

（3）学校内での教育相談体制づくり

　そのため，学校の中では自殺予防の取組として，平時から相談体制を構築し，生徒指導と，生徒指導の一環としての教育相談を行う必要があります。そして，そうした組織的な活動を通じて，全ての子供たちの生涯にわたる精神保健の維持と増進につなげていくことが重要です。

　現在，ほぼ全ての学校で，教育相談部や生徒指導部といった校務分掌による組織的体制が構築されています。しかしながら，こうした組織や体制が，名目上だけになっていたり，体制の中に自殺予防という観点が必ずしも含まれていなかったりすることがあります。『提要』の中での教育相談に関する組織的体制は，「校内連携型支援チーム」と呼ばれ，教育相談体制の中でも最も基礎的な校内組織になります。こうした組織は，「3段階に応じた学校の取組」（予防活動，危機介入，事後対応）を実施する際の中心になります。

『提要』の中では，この教育相談体制が機能するために教育相談コーディネーターの役割が特に重視されています。教育相談コーディネーターは「コーディネーション機能」と呼ばれる，「学校内外の援助資源を調整しながら教育相談活動を調整するプロセス」を最適化する役割を担います。また教育相談コーディネーターは，子供の心身の不調のサインについて，教室とは異なる視点で発見できる養護教諭と連携することが特に求められます。子供たちは，教室では見せない表情を保健室や相談室では見せることがあります（保健室は"手当て"を受けられる場所であり，また評価されることが非常に少ないからです）。そのため特に養護教諭との連携は重要なのです。

　さらに『提要』では，この教育相談コーディネーターと養護教諭を中心とした教育相談体制について，以下を留意点として挙げています。

①教育相談部と生徒指導部の連携を図ること
②カウンセリングルーム（相談室）や保健室の日常的活用を進めること
③情報を共有して協働的な教育相談体制を築くこと

　①については，生徒指導は非行（反社会的行為），教育相談は非社会的行為と決めつけることなく，互いの活動を尊重しながら連携することが求められます。子供の不調はイライラや攻撃性につながりやすいこと，またそうした不調は自殺のリスクを高めることを踏まえると，この連携は重要です。

　②についても，子供たちが相談しやすい環境をどのようにつくっていくかという視点から重要です。これに限らず，相談ポストを設置したり，気になる子の話題を共有したりすることも大切です。

　③については，①と②とも関連します。問題を個々の教職員が抱えるのではなく，情報をきちんと集約し共有していくことが重要です。しかし，職員室の雰囲気が硬く閉鎖的だと，こうした活動が難しくなります。

　これらに共通することは，子供だけでなく教職員一人一人が安心感を持って活動するための学校内の雰囲気づくりもまた重要だということです。

② 教育相談体制の拡充

　先に述べたように，自殺予防のための活動を一人で行うことは難しいと言えます。特に，リスクが高いケースでは，被虐待経験があったり，うつ病などの精神疾患を抱えていたりするケースもあります。こうした場合「校内連携型支援チーム」を拡充し，校長をリーダーとする「校内連携型危機対応チーム」を組織し，さらにリスクの高さに応じて教育委員会や専門家，医療等の関係機関との協働に基づく「ネットワーク支援型緊急支援チーム」を構築することもあります。

　また，自殺の予防活動（Q44参照）には，保護者との協働も求められます。子供の精神保健に関する講和を PTA が開催したりしながら，子供のメンタルヘルスを地域として大切にしようとする試みもなされています。学校教育と家庭教育との連携は学習面だけではなく，健康面でもさらに充実させていく必要があります。

［参考文献］
文部科学省「令和 3 年度　児童生徒の問題行動・不登校等生徒指導上の諸課題に関する調査結果」，2022年
上地安昭編著『教師のための学校危機対応実践マニュアル』金子書房，2003年

（石津　憲一郎）

自殺

43 自殺リスクの高い児童生徒への介入で気をつけるべきことはなんですか?

① 自殺リスクの見積もり

　自殺のリスクを見積もることは簡単ではありません。実際，相手の様子を見ただけでリスクを正確に判断することは，不可能に近いと言えます。「口で死にたいと言っている人で，死ぬ人はいない」のような，とんでもない誤解が聞こえることもあります。また，私たちには「正常性バイアス」が働きやすい特徴があります。正常性バイアスとは心のバランスを保つために，自殺のサインがあっても「大丈夫だろう」とか「杞憂だろう」のように，本当は危険な状態であるのにそれを認めようとしない心の働きのことを指します。

　自殺の前兆としてのサインには，例えば以下のようなことが挙げられます（ただし以下は，あくまで例であることに注意が必要です）。

- ・今までできていたことが急にできなくなっている
- ・繰り返しの自傷行為が見られる
- ・自殺について調べている
- ・強く落ち込んでいた（元気がない）ところから，急に元気になる

　例えば，上記の最後の例は，「元気になってよかった」と理解（誤解）してしまうこともあります。また，子供の多くは抱えている悩みや葛藤を隠そうとすることもあるため，周囲からは問題がないと判断されてしまうことすらあります。自殺のリスクに気付く方法として大切なのは，死にたい気持ちや，その気持ちへの対処行動を，「直接本人に尋ねる」ことです。

② リスクが高い児童生徒への介入時の注意点

　子供に「死にたいと思ったことがあるか」を尋ねるのは有効な方法とはいえ，勇気を要します。尋ねるとかえってリスクを高めるという誤解もあります。一方で，実際に誰がこれを担うのかは支援チームの中で決めていくことが必要です。担任は生活面や集団面を優先する必要があるため，SCや養護教諭がこの役割を担当することも多いと言えます。

　リスクの高い子供の対応では「TALKの原則」が参考になります。それぞれの頭文字を順に見ると，Tell（心配を伝える），Ask（死にたい気持ちやその背景を尋ねる），Listen（絶望や孤独な気持ちを傾聴する），Keep safe（安全の確保）になります。

　Tellの「心配を伝える」では，つい「心配だから…してほしい」というような説得的なコミュニケーションになりがちですが，シンプルに「責めているわけではないけど，ご飯を食べていないと聞いて心配していたんだ」のように，気にかけていることを伝えながら相手の反応を待ちます。そして相手が悩みを話したら，すぐに反論したり，「みんなそんな風になることがある」のように決めつけたりせず，相手の話に耳を傾けつつ（Listen），死にたい気持ちがあるかについても尋ねます（Ask）。さらに，必要に応じて「心配していること」を再び伝えながら（Tell），このことを担任や保護者等に伝えていいか確認したり，医療機関等への受診を勧めたりします（Keep safe）。

　こうした原則を実行するためには，先に述べたように組織的な支援体制が整っていることが必要です。一人で対応せざるを得なくなると，強いストレスがかかるため，私たちの心のバランスが優先され説得や自殺をしないという約束を交わすことに腐心し，TALKの原則から逸れてしまいます。支援体制が整っていることは，これを防ぐ役割があります。強いストレス負荷がかかる「支援に当たる側」は，同時に「（組織から）支援される側」でもあることが重要なのです。

（石津　憲一郎）

自殺

44 自殺予防の３段階に応じた 学校の取組には どのようなものが ありますか？

① 学校で行う自殺予防の取組

　自殺予防のための取組は「予防活動」「危機介入」「事後対応」の３段階からなります。最後に挙げた「事後対応」は，自殺発生後の危機対応になります。肝要なのは，そうした事態を防ぐための前者二つを，どのように充実させていくかです。

　「予防活動」では，自殺予防教育は日々の相談活動，教育相談週間等での個人面談や多様なアンケートによるスクリーニングを含みます。自殺予防教育は後述のように児童生徒を対象とするものですが，予防活動は自殺についての理解を深めるための教員研修や保護者研修を含みます。子供たちへの教育も重要ですが，私たち大人が自殺について理解を深め，子供の苦しみに対する感受性を高め，固定観念や支援への態度を振り返ることが重要です。

　「危機介入」では，自殺のリスクの早期発見と，その低減が目的となります。自傷行為や自殺未遂が起こったり，何らかの自殺の兆候が見られたりする際には，Q43で解説した「TALKの原則」を適用しながら，本人の安全の確保を最優先に取り組むことになります。対応する大人側にも強いストレス負荷がかかるため，「校内連携型危機対応チーム」での対応が大切です。この際，虐待のケースのように，押し殺してきた強い怒りが一気に表出された場合等，怒りを抑えられなかった罪悪感や強い怒りが自分自身に向けられ，一時的に強い希死念慮（死にたいという欲求）が高まることがあります。話に耳を傾けることは重要ですが，それだけに終始せず，ためらうことなく関

係機関との連携を含めた居場所の安全確保を急ぐ必要があります。

　「事後対応」では，遺族及び児童生徒，教職員への心のケアが中心になります。ここでは「ネットワーク型緊急支援チーム」を構成し，緊急支援カウンセラーや医療関係者を含めた対応が行われます。難しいのは，心のケアをするチームのメンバーも，同様に心の傷を負っているケースがあることです。チームのメンバーの一体感を失わずに，互いへ思いやりを向けられる雰囲気づくりが日々行われてきていることが大切になります。

② 自殺予防のための生徒指導の重層的支援構造

　生徒指導は，児童生徒が社会に受け入れられる形で個性を発揮していくための過程（より自律的な発達過程）を支える教育活動です。そして，生徒指導は，個人が持つ幸福追求権を尊重しながら，子供の成長を支える教育活動全てを含みます。

（１）発達支持的生徒指導における自殺予防

　自殺予防と生徒指導というのは，イメージとして結び付きにくいかもしれません。しかし，特に生徒指導の中でも，発達支持的生徒指導における自殺予防教育は重要です。発達支持的というのは，子供たちが未来を生きていく力を身に付けていくための，全ての子供を対象とした，より日常的な教育的働きかけです。とはいえ，子供たちは「未来」ではなく「今」を生きている存在でもあります。今の興味・関心を含めたキャリア教育や健康教育，温かい人間関係づくりのためのレクリエーション活動や，発達段階に応じた道徳教育等も，今を意識しながら，今と未来とをつなぐ教育活動です。

　それ以外にも，日々の教育活動で向けられる，子供たちの持つ力や個性を認めながら，子供たちの自己に対する肯定的な気持ちが低くならないように注意していくことも重要な生徒指導の試みです。私たちは，テストの得点や順位のような，分かりやすい物差しで子供を評価しがちです。しかし，全ての子供は，「他者への優しさ」や，「粘り強さ」，「物事を深く知ろうとする姿勢」のような個性（個人内リソース）を既に持っています。後者のような，

子供にもともと備わっている個性に意図的に目を向け，それを認め，より伸ばしていこうとする姿が，子供たちの自己肯定感の土台（これもまた生きていく力の源です）につながります。

　一方で，先に述べたように，自殺予防を考える際には，児童生徒の能力開発に帰するだけになってはいけません。発達支持的生徒指導の根幹は，子供が心理的，物理的に脅かされることなく過ごすことのできる教育環境を教職員が構築していくことです。児童生徒同士のいじめを防ぎ，大人から子供，または子供から大人への暴力や暴言といった，力による態度変容の方法を教育環境から徹底的に排除していかねばなりません。その意味でも，生徒指導は「厳しい訓練」でなく，子供たちの発達を促す教育活動と言えます。

（2）課題予防的生徒指導における自殺未然防止教育

　自殺未然防止教育においては，子供たちのメンタルヘルスをどう維持，増進させていくかも重要な観点になります。『提要』では，それらは「自らの心の危機に気付く力」と「困ったときに相談できる力（援助希求をできる力）」の二つの視点から説明されています。「自殺対策基本法」と「自殺総合対策大綱」（2022）でも，それぞれ以下のことを教育場面に求めています。

・困難な事態，強い心理的負担を受けた場合等における対処の仕方を身に付ける等のための教育又は啓発　（自殺対策基本法）
・命や暮らしの危機に直面したとき，誰にどうやって助けを求めればよいかの具体的かつ実践的な方法を学ぶと同時に，つらいときや苦しいときには助けを求めてもよいということを学ぶ教育（SOS の出し方に関する教育）（自殺総合対策大綱）

　例えば，心の危機を理解するための授業としては，小学校から高等学校までの保健体育科で「心の健康」や「精神疾患の予防」に関するテーマが既に扱われています。また，こうした取組に，養護教諭や SC 等が協働して授業を構成することもあります。実際に各種学校では，「校内連携型支援チーム」の働きかけによって，精神疾患の予防や，心の健康を大切にするためのスト

レスマネジメント教育などで，保健体育科を担当する教員と SC による協働的な授業づくりが既に始まっています。こうした教科教育も，重要な生徒指導の機能を担っていることにも注目です。

③ 自殺未然防止教育の難しさと，子供と教職員の信頼関係

　自殺未然防止教育には，学校における安全を担保しながらも，自殺防止により焦点化した「自らの心の危機に気付く力」と「困ったときに相談できる力」の醸成も重要です。しかし，教職員や保護者の中には「最近の子は心が弱い」のような価値観を持っていたり，「人に頼らず自分でやりましょう」といった声かけをしたりすることがあります（この言葉がけは文脈的に必要なこともあるでしょう）。こうした価値観や声かけは，私たちの潜在的な態度や無意識の言動です。そして，例えば「最近の子供たちは心が弱い」という価値観を敏感に察知した子供は，心の健康に関する授業を受けても，「心の健康を害する人は弱い人」と捉え，授業を自分事として受け入れにくい可能性があります。同様に，「人に頼らず自分でやりましょう」と「つらいときや苦しいときには助けを求めてもよい」とが，矛盾しているように感じる子供もいるはずです。教職員の日々の態度や言動は，子供の教職員に対する信頼感に大きく影響します。

　「自らの心の危機に気付く力」と「困ったときに相談できる力」を発揮するためには，日々の教職員と子供の信頼関係が重要です。相談しようと思えるような信頼できる相手がいてこそ，醸成された力が実際の行為として発動するからです。その意味でも，生きづらさや現在の困難さへの対処を，一緒に考えようとする私たちの態度が子供に伝わっているだろうかという視点を，振り返ることも重要です。

［参考文献］
厚生労働省「自殺総合対策大綱〜誰も自殺に追い込まれることのない社会の実現を目指して〜」，2022年

（石津　憲一郎）

45 事後対応で求められる手順や留意点はなんですか？

　自殺未遂や自殺企図等，自殺に関連する行動が生じた場合，困難課題対応的生徒指導の中で，様々な対応が行われます。

① 自傷行為及び自殺未遂への危機介入

　自傷行為には，自殺を目的としないものと，自殺企図の一環として行われるものに大別できますが，どちらも将来の自殺のリスク要因になります。リストカットやアームカット，薬物の過剰摂取（オーバードーズ）のような自傷行為をした児童生徒に遭遇すると，嫌悪や恐怖を含んだ複雑な気持ちになり混乱することがあります（人として自然な反応です）。そのとき，ショックを受けた私たちの心は，バランスを取り戻すために，二度としない約束を取り付けることに終始してしまうことがあります。こうした対応は，自殺の動機である自責（自己批判）や絶望，孤独な気持ちを高めることになります。

　自傷行為や自殺未遂は，生々しい傷口や，行為のインパクトに圧倒されがちになりますが，「TALKの原則」にあるように，自傷行為の背景にある「生きづらさ」や「抱えている困難さ」に焦点を当てることが重要です。また，家族や関係機関を含めながら（管理職のリーダーシップによる支援チームにより継続しながら），安全の確保をし，見守りを継続していくことが大切になります。

　また，自殺未遂については，当該児童生徒はもちろんのこと，その子供に心理的に近い友人や教職員，その光景を目撃した子供たちに対する支援についても考えなくてはいけません。この場合も，学校内だけで事態に対応する

ことは困難です。教育委員会や依頼を受けた緊急支援 SC 等の配置を含めた組織として支援を行うことになります。

② 自殺への事後対応

　不幸にして自殺既遂が生じた場合，学校では，少しずつ日常の教育活動に戻っていくための事後対応が求められます。

（１）児童生徒が自殺した場合

　自殺が起きた場合，周囲の児童生徒や教職員に対する衝撃は大きいものです。しかし，学校全体が混乱した中でも，教育現場は様々な対応を求められます。文部科学省（2010）『子供の自殺が起きたときの緊急対応の手引き』では，遺族への対応，記者会見の可能性，保護者会，学校再開の方針決定等の当面の対応が示されています。また，WHO（2017）は「自殺対策を推進するためにメディア関係者に知ってもらいたい基礎知識」の中で，センセーショナルな報道や手段や場所の詳細を伝えないこと等を挙げています。

（２）家族が自殺した場合

　「自死遺族としての子供」という視点も忘れるわけにはいきません。教育現場では自死遺族としての児童生徒も多くいるからです。近親者の自死に遭遇した児童生徒は多様な感情を抱きます。悲しみだけではなく，自責の念や，死んだ相手への怒りや不満（多くは疑問や悲しみの裏返しの気持ちですので非難すべきではありません）が吐露されることもあります。また，「自殺した親の子」などの偏見への恐怖と闘っていることもあるでしょう。腫れ物に触れるように接するのではなく，教職員として，一人の大人としてお悔やみを伝え，いろいろな気持ちになることは当然であることや，その際に話を聞くという姿勢（SOS を受け取ろうとする姿勢）もまた伝えることが大切です。

［参考文献］
文部科学省『子供の自殺が起きたときの緊急対応の手引き』，2010年
世界保健機関（WHO）「自殺対策を推進するためにメディア関係者に知ってもらいたい基礎知識」，2017年

（石津　憲一郎）

46 生徒指導では キャリア・パスポートを どのように活用したら よいですか？

① 生徒指導とキャリア教育の相互作用

キャリア教育は，「一人一人の社会的・職業的自立に向け，必要な基盤となる能力や態度を育てることを通してキャリア発達を促す教育」（文部科学省，2022）です。「いじめや暴力行為などの生徒指導上の課題への対応においては，児童生徒の反省だけでは再発防止力は弱く，自他の人生への影響を考えること，自己の生き方を見つめること，自己の内面の変化を振り返ること及び将来の夢や進路目標を明確にすることが重要」（p.16）であり，キャリア教育は，発達支持的生徒指導だけでなく，課題予防的生徒指導（課題未然防止教育）にもつながります。そこで，生徒指導を進める上では，両者の相互作用を理解して，一体となった取組を行うことが重要です。

② キャリア・パスポートとは

キャリア教育をより効果的に進めていくために，2020年度から導入されたのが，キャリア・パスポートです。これは，「児童生徒が，小学校から高等学校までのキャリア教育に関わる諸活動について，特別活動の学級活動及びホームルーム活動を中心として，各教科等と往還し，自らの学習状況やキャリア形成を見通したり振り返ったりしながら，自身の変容や成長を自己評価できるよう工夫されたポートフォリオ」（文部科学省，2019）です。

③ 生徒指導におけるキャリア・パスポートの活用

　キャリア教育の要の時間となるのが学級・ホームルーム活動です。学級・ホームルーム活動でキャリア・パスポートを活用するに当たっては、「児童生徒が、自ら、現在及び将来の生き方を考えたり、自分に自信を持ち、よさを伸ばして生活したりできるように働きかけることが求められます」(p.63)。そこで、「その記述や自己評価の指導にあたっては、教師が対話的に関わり、児童生徒一人一人の目標修正などの改善を支援し、個性を伸ばす指導へとつなげながら、学校、家庭及び地域における学びを自己のキャリア形成に生かそうとする態度を養うよう努める」（文部科学省、2019）必要があります。

　例えば、学級活動や個人面談の際、児童生徒が以前の記述を振り返る機会を定期的に設定すると、自分の成長を実感したり今後の見通しを考えたりすることができます。また、三者面談の際に活用すると、児童生徒の持つよさや可能性を引き出し、お互いの信頼関係づくりにつながります。

④ キャリア・パスポートは引き継ぐことが重要

　キャリア・パスポートは、小学校から高等学校にかけてのキャリア形成に向けたポートフォリオであり、学年や校種間で引き継ぎ、指導に活用していくことが重要です。原則として、学年間の引継ぎは教員間で行い、校種間の引継ぎは児童生徒を通じて行います。中・高等学校では、入学者に提出させて自校のキャリア教育に活用し、高等学校では、卒業後のキャリア形成に活用できるよう、卒業時に本人に返却します（文部科学省、2021）。

［参考文献］
文部科学省『小学校キャリア教育の手引き（改訂版）』，2022年
文部科学省「「キャリア・パスポート」例示資料等について」，2019年
文部科学省「「キャリア・パスポート」の学年・校種間の引き継ぎについて」，2021年

（今西　一仁）

進路指導

47 中途退学を防ぐ支援・関係機関との連携にはどのようなものがありますか？

① 中途退学と高校生活への適応

　文部科学省（2022）によると，高等学校における中途退学者数は，多少の増減はあるものの，ここ数年減少傾向にあります。その理由は，進路変更（44.2%），学校生活・学業不適応（30.5%），学業不振（6.6%）等となっており，積極的な進路変更など前向きな理由もありますが，入学後の高校生活や学業への不適応から中途退学に至ることもあります。また，例年，不登校生徒の２割程度が中途退学に至っており，「入学後の高校生活への適応が中途退学の未然防止につながる」（p.213）との理解が必要です。

② 中高移行期の適応を支援する校内体制

　中途退学者数・不登校生徒数を学年別で見ると，１年次が最も多くなっています（文部科学省，2022）。そこで，入学時からの支援に向けて，中学校・高等学校の情報交換会や「特に高校での不適応が心配される生徒に特化して情報共有の場を設けること」（p.213）が必要です。また，中学校から引き継いだキャリア・パスポートを活用して新入生への理解を進め，新たな進路に円滑に移行する力を身に付けることができるように支援することが，中途退学の未然防止につながります。特に，入学当初は学習面での不適応が起こりやすく，それが学習意欲の低下や学校への所属意識の低下などにつながる場合があります。こうした生徒に関する情報を生徒指導部会や学年会で共有し，学校全体で新入生への支援を行う校内体制づくりが求められます。

③ 中途退学の未然防止のための課題予防的生徒指導（課題早期発見対応）

　中途退学の未然防止については，中途退学に至る前に，生徒の変化に気付いて支援を行う早期発見・対応が重要です。日頃から生活や学業，進路などの面で生徒の様子を観察し，不適応傾向が確認された場合は，教職員の個人的判断にとどめず，チーム支援などの組織的対応につなげて，できるだけ早期に対応することが必要です。

　また，観察だけでなく，アセス（栗原・井上，2019）やＱ－Ｕ（図書文化社）といった生徒理解調査の定期的な実施を通して生徒個々の学校生活への適応状態や強みを把握し，学年会などで支援が必要な生徒の情報を共有して日常の生徒指導に活かすことも中途退学の未然防止につながります。

④ 中途退学者への支援につながる関係機関との連携

　中途退学が決まった生徒に対しては，就学の継続を希望する生徒には転学に関する情報提供を行ったり，就職を希望する生徒にはハローワークと連携して支援を行ったりします。そのためには「進路指導部と連携し，その後の進学や就職の支援を行うシステムを構築しておく必要があります」（p.217）。

　また，教育支援センターや地域若者サポートステーション，ジョブカフェ，ひきこもり地域支援センターなど，それぞれの地域において利用可能な関係機関を援助資源としてリストアップして連携できる関係を日頃から築いておき，中途退学者が社会に居場所を失わないよう，「保護者の協力の下，関係機関と連携しながら切れ目のない援助」（p.219）を行うことが必要です。そのためにも，中途退学後の経緯をフォローする追指導が求められます。

［参考文献］
文部科学省「令和３年度　児童生徒の問題行動・不登校等生徒指導上の諸課題に関する調査結果」，2022年
栗原慎二・井上弥編著『アセス（学級全体と児童生徒個人のアセスメントソフト）の使い方・活かし方』ほんの森出版，2019年　　　　　　　　　　　　　　　　　（今西　一仁）

進路指導

48 不登校の定義と今日的課題・支援はどのようになっていますか？

　不登校の基本的理解や支援方法は，ここ数十年で大きく変わっています。2016年に「義務教育の段階における普通教育に相当する教育の機会の確保等に関する法律」（以下，教育機会確保法）が成立したことによって，現在は法律に基づく対応が求められます。『提要』の第10章「不登校」でも，法律の趣旨や内容をよく理解してそれに基づく対応を行うことが強調されています。不登校の定義と今日的課題，支援方法についてみていきます。

① 不登校の定義と基本的な理解

　不登校は，「何らかの心理的，情緒的，身体的あるいは社会的要因・背景により，登校しない，あるいはしたくともできない状況にあるため年間30日以上欠席した者のうち，病気や経済的な理由による者を除いたもの」と定義されています（p.221）。この定義から，不登校は様々な要因や背景によって起こることであり，欠席が多い"状態"を指していることが分かります。不登校児童生徒のニーズや状況は一人一人異なるため，不登校児童生徒の支援は，一人一人異なる"オーダーメード"の支援になります。

　学校に行けない原因は本人にも分からない場合もありますし，複数の要因が絡み合い，どの要因が主要な要因になっているか特定できない場合もあります。『提要』でも，神経症的な不登校に対しては「待つこと」も必要であるが，ただ「待つ」のみではなく，不登校の児童生徒がどのような状態にあり，どのような支援を必要としているのかを見極め，個々の状況に応じた適切な関わりを持つことが重要と指摘されています。また，「待っていてはい

けないケース」として，いじめから不登校になったケースや，不登校の背景に虐待が隠れているケース，発達障害から生じる二次的な問題に起因するケースなどが挙げられています（p.222）。

② 不登校の今日的課題 ―教育機会確保法に基づく対応

　教育機会確保法では，不登校を「問題行動」と判断してはならないことが強調されています。不登校の状況が問題なのではなく，不登校で子供が学習を受けられない状況が問題と捉えられています。そのため，子供が学校に行けない状況において，どのように子供の学習を保障するか考えていく必要があります。学校に行けない状況に対して，子供が自分はだめだと思ってさらに落ち込むことがないよう，保護者が子供や自分自身をネガティブに捉えてしまうことがないよう，子供や保護者をサポートします。

　教育機会確保法では，支援の方向性として，「社会的自立に向けた支援」が強調されています。子供が在籍学校に復帰することを目指すのみでなく，子供がどういう場でどういう体験を積むことが社会的自立につながるのか，という視点で支援を考えることが重要です。学校に登校できない状況でも，学校の先生と好きなことについて話したり，家庭でどんなことをして過ごしているのかを話したりすることで自己理解が深まったり，先生と話をすることで自分とは違う他者の視点に気がついたり，対人的な経験を積むことができます。このような話をする中で，やりたいことが出てくる場合もあります。

　また，教育機会確保法では，不登校児童生徒の多様な学びの場として，学校外の教育機会を積極的に活用することも強調されています。そうした場には，教育支援センター，不登校特例校，NPO 法人やフリースクール，夜間中学等が含まれます。そこでの学びは，一定の要件の下，校長の判断により指導要録上の出席扱いとすることができます。子供の学びが公的な記録としても評価されるよう，十分な配慮が必要です。

　教育機会確保法の趣旨を鑑みると，こうした情報を学校関係者が知らないために子供や保護者が利用できないことがないよう，学校周辺や地域にある

不登校

支援機関の情報を収集し，必要に応じて情報提供することが重要になります。一方で，学校に在籍する子供の教育の機会の確保について学校は責任があるため，そうした機関に子供が通っていればOKということではなく，そこでどのようなことを学んでいるか，どのように過ごしているかということに関心を持ち，子供が利用している機関とともに子供の教育や支援を行っていくという姿勢が重要になります。

③ 不登校児童生徒への支援方法

（１）アセスメントの重要性

　不登校の要因は，本人の要因，学校の要因，家庭の要因と多岐にわたっています。そして，それらが単独で存在しているというよりは，複数の要因が絡み合っている場合も少なくありません。異なる要因には異なる対応が求められるため，不登校児童生徒への支援は子供や子供の環境に関する情報収集（アセスメント）から始まります。アセスメントは，担任をはじめ，学年の先生，養護教諭等の学校関係者，心理の専門家であるSC，福祉の専門家であるSSWのチームで行います。それぞれの立場によって，持っている情報も異なりますし，目が行きやすい情報も異なります。アセスメントの段階から，チームで情報を持ち寄り，子供を多角的・包括的に捉えることがよりよい支援方針につながります。

　アセスメントでは，なぜ行けなくなったかという原因やどうしたら行けるかといった方法に目を向けるだけでなく，本人がどうしたいと思っているのかといった主体的意思（希望や願い），本人が持っている強み（リソース）や興味・関心に目を向けることが重要です。子供が一歩前に踏み出すとき，自分の強みや自分が好きなことが原動力になる場合が少なくありません。不登校の時期に関わる大人は，子供の強みややりたいことを一緒に探すことが次につながる支援となります。

（２）社会的自立に向けた支援

　社会的自立に向けた支援として，『提要』には次の３点が挙げられてい

す。一つは，支援を受け入れる（求める）力をつけることです。社会的自立は，依存しないことや支援を受けないということでなく，必要なときには必要な支援を受けながら社会の中で自己実現していくことと捉えられています。社会は多様な人が多様な役割を担いながら構成されています。また，人は常に健康であるとも限りません。できないことがあることを受け入れ，人に助けを求めることを学ぶことは，社会的自立に向けてとても大切な力です。不登校児童生徒が周囲の支援を受けて次に進んでいくことは，そのことを学ぶ機会とも言えます。

　二つ目は，将来の社会的自立に向けて，現在の生活の中で，「傷ついた自己肯定感を回復する」，「コミュニケーション力やソーシャルスキルを身に付ける」，「人に上手にSOSを出せる」ようになることが挙げられています。社会的自立が，社会の中で居場所を見つけ働いていくことであるとすれば，その基礎を磨くには，人との関わりの中で経験を積むことが欠かせません。学校の先生や地域の大人，友人との肯定的な関わりの中で，こうした課題への取組が進んでいくと考えられます。

　三つ目は，多様な選択肢の中から自分に合った選択をしていく力を支援することです。現在は，小学生・中学生段階でも，教育支援センターや，不登校特例校，NPO法人やフリースクール，夜間中学などの学ぶ場があります。高等学校では，全日制高校に加え，定時制高校や通信制高校も増えています。朝昼夜の三部制や制服の有無などの登校スタイルや，多様な課程・コース（進学・国際・理美容・声優ほか）を選択できる学校，高校に行かなくても高等学校卒業程度認定試験を受けて大学に行くという道もあります。子供の状況に応じて，こうした情報を提供しながら，子供の特性や興味・関心に合わせて子供が意思決定できるよう支援します。将来のことを考えるのは容易なことではなく，時間がかかる場合もあります。その場合は，学校間や就労機関との縦の連携を図り，継続的な支援を行うことが重要です。

（飯田　順子）

49 不登校に関する生徒指導の構造にはどのようなものがありますか？

　不登校の生徒指導の構造として，『提要』には，不登校対応に求められる組織の構造と，不登校対応の段階の構造が論じられています。組織の構造は，不登校対応をチームで行うため，チームメンバーの構成やチーム対応の方法が解説されています。段階の構造は，『提要』第Ⅰ部にある「重層的支援構造」に基づく不登校対応の各段階のポイントが解説されています。

① 不登校対応に求められる学校の組織体制と計画

（1）教育相談体制の充実

　教育相談体制の充実には，教職員一人一人が児童生徒を共通理解し，チームで対応するという姿勢が重要になります。共通理解を図る一つの方法として，「児童生徒理解・支援シート」の活用が推奨されています。シートに情報をまとめておくことで，校内での情報共有や校種を越えた情報の引継ぎを行います。

　また，不登校が複雑化・多様化する中で，スクールカウンセラー（SC）やスクールソーシャルワーカー（SSW）も含めた多職種によるネットワークが重要となってきます。これらの支援の専門職と教職員をつなぐ役割を，教育相談コーディネーターが担います。多忙な学校現場では，公式なケース会議だけでなく，「次に取るべき対応」を検討するため非公式なケース会議を開催することも推奨されています。

（2）教育相談を支える教職員の連携・協働

　日本の学校は，学習指導に加えて生活面全般についての支援を担当してい

る担任の役割が大きい特徴があります。このシステムには，子供と日常的に関わる教員が，子供の様子を日々観察し，援助的に関わることができるという強みがあります。一方で，不登校児童生徒への対応では，様々な角度からの児童生徒理解や支援を必要とするため，チームでの対応が必要になります。

『提要』では，以下のメンバーがチームメンバーとして挙げられています。

メンバー	役割
養護教諭	心身の健康の専門家として，不登校のケースに関わる機会も多く，担任との情報共有や保健室登校の対応など重要な役割を担っています。
教育相談コーディネーター	教職員という立場でカウンセリングや相談業務に関わります。学校の教育相談活動の要として，担任から情報を集め，チームの要としての動きを担います。
特別支援教育コーディネーター	教職員という立場で特別支援教育の推進を担います。校内委員会や研修会の企画・運営，関係諸機関との連携・調整，保護者の相談窓口などの役割を担います。
SC	心理的な要因が大きいケースについて，児童生徒へのカウンセリング・心のケアや教職員・保護者への助言・援助を行います。
SSW	子供の環境に関する情報収集を行い，福祉的な視点から子供の面接や，教職員や保護者への助言・援助を行います。

（3）校種を越えての情報連携

『提要』では，校種を越えての「縦の連携」も強調されています。幼稚園・保育園，小学校，中学校，高等学校，高等専門学校及び高等専修学校等の縦の連携による，「切れ目のない組織的な支援の推進」が求められています。前段階の校種で行われてきた支援が途切れることがないよう，これまで行ってきた支援と現在の状況を整理し，次の段階に引き継ぎます。どんな内容を引き継ぐかに関して，本人の年齢にもよりますが，本人と保護者と話し合っておくことが必要です。個人情報保護の観点に加えて，支援の経過と現状の確認は，本人の自己理解や保護者の子供理解にもつながります。

② 不登校に関する生徒指導の重層的支援構造

　次に段階の構造について，『提要』の「不登校対応の重層的支援構造」に沿って，各段階のポイントを解説します。

（1）不登校対策につながる発達支持的生徒指導

　子供が学校に安全・安心に通えるよう，いじめや暴力行為などを許さない学校運営や学級づくりに学校全体で取り組むことが重要です。その上で，学校に行きたくなるような魅力ある学校づくり・学級づくりを行います。分からない授業，既に分かっている授業を児童生徒がずっと座って聞いていることは，学校に行く意味を感じにくくさせてしまいます。「個別指導やグループ別指導」，「学習内容の習熟の程度に応じた指導」，「児童生徒の興味・関心等に応じた課題学習」，「補充的な学習や発展的な学習などの学習活動を取り入れた指導」，「ICT ツールや教科書・参考書等の活用」などを取り入れ，「個別最適な学び」を工夫します。将来に役立つ大切なことを学んでいると感じられる授業や活動の工夫は，発達支持的生徒指導にとって重要です。

（2）不登校対策としての課題未然防止教育

　困ったときに相談することは，社会に出てからも求められる大切なスキルです。困ったときに相談することは，大切な問題解決スキルであることを日常的に伝えることや，相談の仕方を教えることなどが，課題未然防止につながります。また，この取組は，教職員の相談力向上とセットで行わなければいけないものでもあります。子供に相談を勧める以上，大人もそれを受け止めるための相談力の向上や時間の確保が必要になります。様々な悩みを相談された場合にどのように応じるか，教職員研修等で取り組んでおくことは，子供が相談してよかったという経験につながり，そのことが子供の SOS を発信する力につながります。

（3）不登校対策における課題早期発見対応

　教職員の受信力の向上と情報共有では，子供の言葉・行動・表情に気を配ることや，友人関係や教職員との関係や，学業成績など幅広い事項について

児童生徒の変化や成長に対して気を配ることが重要です。また，教職員による気付きを補完するものとして，不登校の予兆を早期に把握するためのアセスメントツールの活用や，担任・SC 等による全員面接の取組も推奨されています。また，体調不良等の児童生徒が利用する保健室との連携や，気になる児童生徒の保護者との連携を，定期的に行うことも肝要です。

（4）不登校児童生徒支援としての困難課題対応的生徒指導

　この段階は，不登校児童生徒への対応になります。最初に重要となるのは，チームによるケース会議で多角的に情報を集め，個々の児童生徒の状況や支援ニーズを把握し，具体的な対応策を検討することです。『提要』では，「生物学的要因（発達特性，病気等）」，「心理学的要因（認知，感情，信念，ストレス，パーソナリティ等）」，「社会的要因（家庭や学校の環境や人間関係等）」の三つの観点（BPS モデル）の情報が重要とされています（p.233）。

　次の段階の，具体的な対応策には，校内における支援（学級の人間関係の調整，学級環境の調整，別室登校，放課後の利用，オンラインの活用等），家庭訪問の実施，校外の関係機関等との連携，ICT を活用した支援が挙げられています。これらの選択肢の中から一つを選ぶということではなく，複数の選択肢を選ぶ場合もあります。子供の学習の機会を保障し，社会的自立につながる支援のため，子供や保護者の声を聴きながら，具体的な対応策を考えていきます。保護者の支援も必須です。

[参考文献]
文部科学省「不登校児童生徒への支援の在り方について（通知）」「児童生徒理解・支援シート（参考様式）」「児童生徒理解・支援シートの作成と活用について」，2019年
文部科学省「不登校児童生徒への支援に関する最終報告〜一人一人の多様な課題に対応した切れ目のない組織的な支援の推進〜」，2016年

（飯田　順子）

50 家庭訪問等，保護者とは どのように関わったら よいですか？

　多くの保護者にとって，子供が学校に行かなくなることは，突然のことであり，これからどうしたらよいのか，何が原因なのか，どのように声をかけたらよいのか，戸惑いや不安を抱えていることは少なくありません。子供や家族が孤立することがないように，家庭訪問等を行い，家庭や保護者を支えます。また，保護者は学校にとって子供の支援を共に進めるパートナーであり，保護者と相談しながら具体的に子供の支援を進めていきます。

① 家庭や保護者を支える

　子供が学校に行かなくなることは，多くの場合，突然起こります。子供が，「学校に行きたくない」，「お腹が痛くて学校に行けない」と言ったり，朝起きてこなかったりといったことが起こります。突然のことに，保護者はどのように対応したらよいか混乱します。「何言っているの，行きなさい」と強く説得したり，対応がこれでよいのかと悩みながら休みの連絡を学校にいれます。こうしたやり取りが毎朝繰り返されることは，保護者にとって大きな苦しみになることは想像に難くありません。

　このような状況の中で，学校はまず保護者と信頼関係を築くことが重要です。保護者の不安や心配事を聴き取り，学校に来られない状況でも学校ができること（定期的な家庭訪問，オンラインでの会話・学習，SCへの相談）を伝えることで，一緒に取り組んでいくというメッセージを伝えます。学校を休んでいる状況では，保護者が子供のことを最もよく知っているため，保護者から情報をいただきながら，子供の状態に応じた支援方針を考えていき

ます。このような関係を築くことができると，保護者も子供の支援に対して
見通しを持つことができ，家庭での子供との関わりが変わり，子供に好まし
い変化が見られることもあります。

② 家庭や保護者との関わりにおける留意点

　『提要』では，上記の家庭訪問等で家庭や保護者を支えることに加えて，
親の会や保護者同士の学習会の紹介，関係機関との連携における留意点，虐
待等の深刻な状況がある家庭への対応について述べられています。

　子供の欠席が続く状況では，保護者も孤立しがちになります。同じ悩みを
持つ保護者同士で，話をすることや情報共有をすることは，保護者の孤立感
をやわらげ，子供の支援に役立つ情報を得られる機会になります。こうした
会を学校や自治体で開催することは，保護者を支えることにつながります。

　不登校児童生徒の支援では，子供を教育支援センターや医療機関等の関係
機関につなぐことが有効・必要である場合があります。この場合も，そのこ
とを伝えることは保護者にとって突然のことであり，受け止めにくい場合が
あることに配慮が必要です。子供の状態から必要と考えられる支援を丁寧に
説明し，関係機関とつながることのメリットや，学校もこれまでどおり関わ
り続けることを伝え，説明と納得の過程（インフォームド・コンセント）を
経ながら進めます。保護者に心理的な見立てを伝えるときには SC，関係機
関を探すときには SSW を活用することもポイントです。

　一方，ネグレクトや虐待等が子供の不登校の背景にあると考えられるケー
スでは，児童相談所や子ども家庭サポートセンター等の福祉的支援につなぐ
ことが求められます。子供の安全や学習の権利を守るため，専門機関に連絡
し，対応について助言を求めることが必要です。また，児童生徒の非行への
対応や生活習慣，養育環境の改善のための支援や経済的支援が必要となるケ
ースも，福祉的な支援につなぐことで環境改善につなげます。

（飯田　順子）

不登校

51 インターネット等における関連法規等にはどのようなものがありますか？

インターネットや携帯電話等を利用したトラブルが後を絶ちません。インターネットの問題は，匿名性，拡散性等のため完全な解決が難しいといった特徴があります。インターネット等における関連法規等を理解し，トラブルの未然防止等を目指す必要があります。

① インターネット環境整備法

青少年が安全に安心してインターネットを利用できるようにして青少年の権利を保護することを目的として，「青少年が安全に安心してインターネットを利用できる環境の整備等に関する法律」が制定されています。犯罪や自殺，わいせつ，残虐な情報等の青少年有害情報が多く流通していることから，保護者はインターネット利用の適切な管理に努めなければなりません。18歳未満の青少年が携帯電話を使用する場合は，携帯電話インターネット接続役務提供事業者は，保護者の同意がない限りフィルタリングサービスの利用を条件としなければなりません。

② 出会い系サイト規制法

「インターネット異性紹介事業を利用して児童を誘引する行為の規制等に関する法律」は，インターネット異性紹介事業の利用に起因する児童買春その他の犯罪から児童を保護し，もって児童の健全な育成に資することを目的としています。

インターネット異性紹介事業（いわゆる出会い系サイト）を利用して児童

を性交等の相手方となるように誘引する行為等を禁止し，インターネット異性紹介事業者（出会い系サイト事業者）に児童の利用禁止の明示や児童でないことの確認義務を負わせています。

③ プロバイダ責任制限法

　「特定電気通信役務提供者の損害賠償責任の制限及び発信者情報の開示に関する法律」は，インターネットへの書き込み等で名誉・プライバシー等の権利侵害が起こった場合に，プロバイダの損害賠償責任の制限や書き込み等をした者の情報の開示を請求する権利について定めたものです。一定の手続きの下，書き込み等の被害者から依頼があった場合にプロバイダがこれを削除したり，書き込み等を行った者の情報を開示したりすることができます。

④ その他の関連法律等

（1）児童買春・児童ポルノ禁止法
　「児童買春，児童ポルノに係る行為等の規制及び処罰並びに児童の保護等に関する法律」により，児童ポルノの画像データの所持・提供に対して刑罰が科されます。

（2）刑法
　インターネットへの書き込み等に対して名誉毀損罪や侮辱罪が成立することがあります。例えば，事実ではないのに「Aは盗みを繰り返していた」とか，容姿や国籍等を揶揄するような内容の書き込みをSNSに掲載したような場合は，それぞれ名誉毀損罪・侮辱罪に問われる可能性があります。

（3）文部科学省による通知
　文部科学省の「学校における携帯電話の取扱い等について」（2020）という通知により，小・中学校は原則持ち込み禁止，高等学校は校内使用を制限，特別支援学校は実態を踏まえて判断することとされています。

（谷貝　彰紀）

52 インターネット等の指導において特に留意すべきことはなんですか？

　インターネット等の指導で留意すべきこととして，『提要』では4点指摘されています（pp.243-244）。

① ネットの匿名性

　インターネットは匿名で様々な行為ができるため，児童生徒の中には，好ましくない行為や法に触れる行為を行ってしまう場合があります。例えば，SNSなどの利用の際に，匿名で書き込みができるために，躊躇なく批判や悪口が行われてしまうことがあります。このような匿名性といった特徴に起因して，ネットいじめなどの人間関係上のトラブルや，ネット上での誹謗中傷などといった犯罪につながる行為に発展することも少なくありません。

② ネットの拡散性

　インターネット上の書き込みや写真，個人情報等は，一度発信されると多くの人が目にして情報が広がりやすいという特徴があります。そのため，完全に削除することが難しく，半永久的に情報が残り続けてしまうことから，「デジタルタトゥー」（「デジタル」と「タトゥー（入れ墨）」を組み合わせた造語）とも呼ばれています。そして，素早く情報が拡散されてしまうことから，インターネット上の書き込みやコメントに対して，ネット炎上（不特定多数の人々からの批判や悪口，誹謗中傷などの投稿が集中して収拾がつかなくなる状態）が起きてしまうこともあります。炎上をきっかけに，様々な関連情報が検索されてしまい，個人情報が特定されてしまう危険性もあります。

交際していた相手の恥ずかしい写真を，別れた腹いせにインターネット上に掲載・拡散するトラブル（リベンジポルノ）なども発生しています。

③ ネットいじめ

　SNSなどで悪口を書いたり，無視したり，グループからはずしたり，他の人に見られたくない写真を投稿したりするなど，インターネット上でのいじめが増えています。令和3年度の児童生徒の問題行動・不登校等に関する調査（文部科学省）では，小学生よりも中学生や高校生で（学年や年齢が上がるにつれて），「パソコンや携帯電話等で，ひぼう・中傷や嫌なことをされる」など，いじめの態様として占める割合が多くなっている傾向も示されています。SNS上での文字のやり取りは，お互いの表情や声の調子が分からなかったり，短文で素早くやり取りをしたりすることなどによって，誤解が生じやすくなってしまい，ネットいじめにつながってしまう場合があります。端末等が利用できる状態であれば，24時間，ネットいじめの加害や被害が生じてしまう可能性がありますし，拡散性が高いため，深刻な事態に発展することが少なくありません。

④ ネットの長時間利用

　スマートフォンなどの端末があれば，いつでもインターネットを利用でき，他者とつながることができて便利です。一方，常時，友達などとコミュニケーションを取らなければならないことにストレスを感じて疲弊してしまったり，SNSや動画視聴などで過度に長時間利用してしまったりして，生活習慣が乱れて心身の不調が生じてしまう場合もあります。日常生活に支障が出るほど，オンラインゲームにのめりこんでしまったりする依存の問題も，現代の児童生徒において深刻な状況・問題になっています。

[参考文献]
文部科学省「令和3年度　児童生徒の問題行動・不登校等生徒指導上の諸課題に関する調査結果」，2022年

（新井　雅）

53 インターネットに関わる問題の未然防止のポイントはなんですか？

『提要』（pp.244-249）を参考に，インターネットに関わる問題の未然防止のポイントをまとめます。

① インターネット問題に関するチーム学校体制の整備

学校ではインターネット対策について話し合い，方針を定め，具体的な手立てを進めていくための組織を，校務分掌に位置付けることが求められます。この組織では，例えば，①定期的に会議を開催して学校で起きているインターネット問題について情報収集し対策を検討する，②アンケートを実施して児童生徒のインターネット利用の実態把握を行う，③児童生徒がインターネット利用に関する知識や問題解決方法について学ぶ機会（講演会や授業など）を設ける，④問題が生じた際に，児童生徒が早急に相談できる学校内の相談体制を整えたり，居住地域の関係機関や各種相談窓口を周知したりするなどといった取組が考えられます。また，学校では，SC，SSW，警察，消費生活センター，児童相談所など，様々な専門家からなる対策委員会を設置して，必要な際に，的確な対応ができるように事前に準備しておくとともに，インターネット上の誹謗中傷に関する相談窓口やインターネット・ホットラインセンターなど，緊急時の相談・連絡先を普段から確認しておくことも重要です。

② 児童生徒に対する未然防止の取組

これからの高度情報化社会を児童生徒が生き抜くためには，インターネッ

トやスマートフォンなどの利用について，「品格をもって」，「正しく怖がり賢く使う」姿勢が重要です（竹内，2022）。そのため，児童生徒に対して，インターネットを安心・安全に活用できる能力を身に付けるための情報モラル教育を実施するなど，問題を未然に防ぐ学習や環境づくりが重要です。

　また，インターネットの扱いについて，教職員や保護者などが一方的に教えるだけではなく，児童生徒自らが主体的に考えて，そのメリットやデメリットを話し合いつつ，身近な課題としてルールを定める機会を用意することが重要です。例えば，ホームルームや児童会・生徒会などで児童生徒同士が話し合いながら，主体的にルールを定めるような取組が考えられます。

　さらに，学校や家庭などで悩みを抱える児童生徒が，自らの居場所や避難場所としてインターネットを利用し，結果としてネットいじめや誹謗中傷，ネット依存やゲーム依存につながってしまう場合もあります。リアルな生活の中で，自分の存在を温かく認められ，自信を持って過ごすことができ，困ったり悩んだりしたときには信頼できる人に助けてもらえるなど，安心・安全な環境や関係性を，普段の生活の中で築いておくことが重要です。

③ 家庭との協力関係や連携体制

　学校配付の端末を学校や家庭で利用するに当たっては，学校側のルールや方針を提示し，保護者の理解を得ておく必要があります。また，家庭で自分の端末を利用するときも，児童生徒のネット被害やネットの長時間利用などの問題を未然に防ぐために，リーフレットの配付や保護者対象の集会などを行い，利用時間・利用場所など家庭でのルールづくり，フィルタリング設定などについて伝えておくこともできます。保護者が子供と一緒に話し合い，時に試行錯誤しながら，安心・安全にインターネットを利用できるルールづくりができるよう家庭への情報提供や支援を行うことも必要と考えられます。

[引用文献]
竹内和雄『こどもスマホルール―賢く使って，トラブル回避！―』時事通信社，2022年

（新井　雅）

インターネットに関わる問題が起きたときにどう対処したらよいですか？

54

インターネットに関わる問題では，教職員が理解を深めて共通理解を図り，問題が起きたときの対応についての方針を確認しておくことが重要です。以下，『提要』で示されているインターネット問題が起きたときの対処法として（pp.248-253），4層からなる生徒指導の重層的支援構造のうち，「課題予防的生徒指導（課題早期発見対応）」と，「困難課題対応的生徒指導」に焦点を当ててまとめます。

① 課題予防的生徒指導（課題早期発見対応）に基づく対応

これは，問題に関わる予兆やサインが見られたりした児童生徒を対象に，深刻な問題に発展しないように，早期発見・早期対応を行う生徒指導です。

インターネット問題が起きた場合，SNS等で問題が広がったり大きくなってしまったりした後で，学校の教職員や保護者が知ることが少なくありません。児童生徒自身も，トラブルを抱えていても，どこに相談するべきか分からなかったり，教職員や保護者に相談することでかえって問題がこじれてしまわないだろうかなどと不安になることで，相談することができずに，問題が大きくなるまで放置してしまっている場合もあります。

インターネット問題を早期に発見し，素早く対応するためには，まず教職員が児童生徒のインターネット利用の実態に関心を持ち，その変化などに敏感であることが大切です。児童生徒が興味を持って使っているSNSのアプリやツールも，移り変わりが早いことが少なくありません。それらの変化などに関心を持ちながら，問題が生じた際に児童生徒が早急に相談できる学校

内の相談体制を整え，心配なことや困っているようなことがあれば，早めに相談を受け，必要な支援を行うことが大切です。もちろん，インターネット問題だけではなく，様々な悩み事を気軽に教職員に相談できるような信頼関係を築いておくとともに，インターネット問題について必要な際に相談・通報ができるような外部機関の窓口を周知しておくことも必要です。

　また，インターネット問題は，様々な人の目に留まるかたちで問題化されることが多いため，本人やその保護者からの訴えだけではなく，他の児童生徒などからの情報も早期発見・早期対応のためには重要となります。児童生徒の個人情報の流出や誹謗中傷などのトラブルを早期に発見するためのネットパトロールなど，外部の機関の協力を得ることも重要な方策になります。

② 困難課題対応的生徒指導に基づく対応の基本原則

　これは，特別な支援を必要とする児童生徒を対象に，学校内や学校外の関係者間で連携・協働しながら対応する生徒指導です。他の生徒指導上の問題と同じように，インターネット問題を発見した場合も，特定の教職員だけで問題を抱え込むのではなく，必要な関係者と情報共有し，協力しながら，チーム学校として対応することが重要です。そして，何より，当該児童生徒の被害が拡大するのを防ぐことを最優先にします。素早く対処しなければならない場合もありますが，児童生徒や保護者の気持ちや意向を踏まえて，一緒に相談しながら解決していこうとする姿勢を持つことが大切です。

　問題への対応を進めていくためには，丁寧な情報収集とアセスメントに基づく対応方針のすり合わせが必要です。インターネット問題は，被害者や加害者に加え，他の学年・学校の児童生徒にも広がってしまっていることもあり，周囲の児童生徒に聴き取りを行ったり，広く他の児童生徒への周知や指導が必要となる場合もあります。さらに，法的な判断や対応が必要な場合には，専門家からの見解や助言を踏まえて，具体的な対応策を検討し，当該児童生徒や保護者に選択してもらうことも必要になることがあります。

③ 困難課題対応的生徒指導に基づく対応の具体的な例

（1）法的な対応が必要な指導

　例えば，著作権法違反や違法薬物に関する児童生徒の投稿を把握したときは，警察や消費生活センターなどと連絡を取り合い対応します。詐欺行為への加担（受け子など）の場合には，関係の児童生徒だけではなく，学校全体に周知し，加害者及び被害者が増えることを食い止める必要があります。

　ネット詐欺で金銭が絡む事案が起きた場合は，警察だけではなく，消費生活センターとも連携することで，事態が解消に向かうことがあります。未成年の児童生徒がオンラインゲームで高額課金をしてしまった場合は，民法の「未成年者取消権」（未成年者が親の同意を得ずに契約した場合には，原則として契約を取り消すことができる）を使うことができる場合もあります。

　ネット上の危険な出会いの問題として，例えば，面識がない人とネット上でやり取りをし，共通の趣味を持つように装ったり，悩みの相談にのったりして，言葉巧みに児童生徒を信用させて，誘拐事件にまで発展してしまう場合があります。児童生徒の気になる状況や言動を把握した場合には，犯罪被害に遭わないよう対応する必要があります。

　児童買春・児童ポルノ禁止法違反として，自画撮り被害（18歳未満の者が自分の裸の画像などを撮影させられ，SNS等で送らされる被害）なども起きています。相手が性別や年齢などを偽って児童生徒に接触してきたりすることがあり，警察との連携に基づく早急な対応が必要です。警察庁による「なくそう，子供の性被害。」サイト（https://www.npa.go.jp/policy_area/no_cp/）においても，関係する情報や相談窓口が紹介されています。

（2）学校における指導等

　児童生徒がインターネット上で，自分の投稿に対して批判や悪口を数多く書かれたりすることがあります。放置すると大きなトラブルに発展する可能性があるため，内容や状況によっては，関係機関と連絡を取り合いながら対応を進める必要があります。誹謗中傷，炎上など悪質な投稿の被害を受けた

場合，その内容によっては，刑事罰（名誉毀損，侮辱罪等）などの問題にもなるため，法的な対応が必要となることもあります。児童生徒本人や保護者の意向を踏まえ，インターネット上の誹謗中傷に関する相談窓口（総務省：https://www.soumu.go.jp/main_sosiki/joho_tsusin/d_syohi/hiboutyusyou.html）を参考にして，適切な相談窓口を伝える必要があります。

　また，インターネット上の書き込みがきっかけで，学校での児童生徒間の人間関係がこじれてしまうことがあります。対面で行うコミュニケーションとは違って，SNS上でのやり取りは，お互いの表情や声の調子が分からなかったり，短文で素早くやり取りをしたりすることなどによって，相互に誤解が生じやすくなってしまう場合があります。そのような誤解や間違った思い込みをきっかけに，トラブルやネットいじめに発展することも少なくありません。SNSなどで悪口を書いたり，無視したり，グループからはずしたり，他の人に知られたくない情報や写真を投稿して拡散したりといった問題が起きると，被害を受けた児童生徒に深刻な影響を及ぼすことがあります。早い段階で相談を受け，関係者で連携しながら対応していきます。被害児童生徒の気持ちや意向を踏まえつつ，その児童生徒の安全・安心を守るとともに，加害児童生徒や関係する他の児童生徒に対する支援が求められます。

（3）家庭への支援

　家庭においても，スマートフォンの利用時間・場所をめぐる親子でのトラブルや，児童生徒のスマートフォンやゲーム依存の問題が起きてしまうなど，様々な課題があります。リアルな生活の中でストレスを抱え，誰にも相談できない児童生徒が，インターネットを居場所や避難場所として利用する場合もあります。インターネットに関わる問題は，学業成績の低下，生活習慣の乱れや心身の不調，不登校やいじめとともに，精神疾患の問題などとも絡んでいることが少なくありません。そのような場合は，教職員，スクールカウンセラー（SC），スクールソーシャルワーカー（SSW），外部の専門家や，医療機関，関係機関などによる児童生徒や保護者に対する支援が求められます。

（新井　雅）

インターネット・携帯電話

55 1人1台端末の活用と生徒指導はどのように連携を図っていけばよいですか？

　GIGA スクール構想の流れを踏まえて，生徒指導においても ICT を積極的に活用し，1人1台端末の活用と生徒指導の連携を充実させることが求められています。『提要』（pp.34-35）では，以下のような方法が示されています。

① データに基づく生徒指導と学習指導との関連付け

　登校渋り，感情コントロールの困難，自己肯定感の低さなど，生徒指導上,気になる困難を抱える児童生徒は，同時に，勉強が分からない，授業についていけないなど学習面でも課題を抱えていることが少なくありません。逆に，学習への意欲が高く，授業等に前向きに取り組んでいる児童生徒ほど，友達関係や学校生活を楽しく過ごしている場合があります。このように，児童生徒一人一人の状態や個性を全体として捉えるためには，学校生活での様子や心理状況などと，学業成績や学習への取組の状況を関連付けて理解することが大切です。そのため，ICT を積極的に活用して，学習面の情報やデータと生徒指導に関わる情報やデータを組み合わせて把握し，児童生徒一人一人の状況はもちろん，学級や学年等の集団の状況を多様な角度から捉え，学習指導や生徒指導に活かすことが求められます。

② 悩みや不安を抱える児童生徒の早期発見・対応

　『提要』では，課題予防的生徒指導（課題早期発見対応）として，児童生徒の問題の予兆やサインが見られたとき，それが深刻な問題に発展しないように，素早く迅速に対応することが必要とされています。ICT を活用して，

児童生徒の情報を整理して把握しやすくすることで，児童生徒の心身の状態やその変化（例：成績が下がり気味である，遅刻・早退・欠席あるいは保健室利用が増えてきた，学校生活アンケートで気になる回答をしている）に気付きやすくなり，悩みや不安の早期発見や早期対応につなげることが期待されています。また，学校配付の端末を利用して，児童生徒が自分の日々の心身の健康状態を入力したり，悩みや不安などの SOS を発信したりできるような仕組みとともに，それらの情報に基づいて生徒指導や教育相談を進めていく方法も，さらに充実が期待される取組の一つと考えられます。

③ 不登校児童生徒等への支援

　様々な事情や問題等により学校に登校できない児童生徒に対して，学習保障や生徒指導を行うという点からも，ICT の活用は重要となります。例えば，１人１台端末を用いて，自宅や別室と教室をオンラインでつないで，授業や学級の様子を視聴できるようにしたり，通信教育やオンライン教材等を活用したりすることなどによって，登校できない児童生徒にも教育を受けられる機会を確保しつつ，生徒指導に活かすことができます。その際には，オンラインによる学習を学校内でも共有し，一定のルールの下で，出席扱いとするなどの取組を進めることも必要とされています。そして，たとえ登校できない状態であっても，１人１台端末を利用して，児童生徒の心身の状態や変化を把握したり，オンライン上でメッセージのやり取りや個別面談を実施したりすることなどによって，児童生徒一人一人の悩みや不安を受け止め，支援することができます。もちろん，対面での学習指導や面談も大切であると考えられますので，ICT を活用したオンライン上での支援と組み合わせて実施するなど，柔軟な取組が求められると考えられます。

（新井　雅）

56 性に関する課題で知っておくべき関連法規等にはどのようなものがありますか？

児童生徒の性に関する課題は，性犯罪や性暴力，LGBT，性感染症等多様かつ多岐にわたります。児童生徒への指導に当たり，性に関する課題についての関連法規等を学び，その内容を実践することが重要です。性に関する課題についての関連法規等には，以下のようなものがあります。

① 性犯罪・性暴力対策強化の方針

児童ポルノや売春，痴漢，レイプ等児童生徒の周りで起こる性犯罪・性暴力は被害者の尊厳を著しく踏みにじる行為であり，その心身に長期にわたり重大な悪影響を及ぼすものです。また家庭内で被害に遭うケースもあります。こうした行為に対して，刑罰法規等（刑法，児童買春・児童ポルノ禁止法，青少年育成条例等）による対策だけでは不十分です。2020年6月に，性犯罪・性暴力対策強化のための関係府省会議にて「性犯罪・性暴力対策の強化の方針」が策定されました。児童生徒が性暴力の加害者，被害者，傍観者にならないように，命の尊さを学び，命を大切にする教育，自分や相手，一人一人を尊重する教育を推進することや，児童生徒がSOSを出しやすくなるよう学校側で相談を受ける体制を強化すること等が示されています。

② 性同一性障害

性同一性障害とは，生物学的な性別と自分が認識する性別が一致しないことを言います。性同一性障害者の社会上の不利益をできるだけ解消するため，2003年「性同一性障害者の性別の取扱いの特例に関する法律」が制定され，

裁判所の審判により性別の取扱いを変更することができるようになりました。学校においても性同一性障害を抱えている児童生徒がいて，学校や日常での活動に悩み，心身に過大な負担を抱えていることがあります。このような児童生徒への支援や相談の指針として，文部科学省から2010年4月「児童生徒が抱える問題に対しての教育相談の徹底について（通知）」が出されました。各学校において担任や管理職をはじめ，養護教諭，SC等教職員等が協力して，保護者の意向にも配慮しつつ，児童生徒の実情を把握した上で相談に応じ，必要に応じて関係医療機関とも連携するなど，児童生徒の心情に十分配慮した対応が求められています。

　また，2015年4月には文部科学省が「性同一性障害に係る児童生徒に対するきめ細かな対応の実施等について」を定めました。性同一性障害だけでなく「性的マイノリティ」とされる児童生徒全般に共通する問題として捉え，組織として対応することや相談体制等の充実に当たり教職員の具体的な配慮事項が示されています。さらに，性的マイノリティは，社会や地域の無理解や偏見等の社会的要因によって自殺念慮を抱えやすい傾向があると指摘されています。2022年に閣議決定された「自殺総合対策大綱」では，性的マイノリティに関する関係者の正しい理解の促進や学校における適切な教育相談の実施等が重要であるとされています。例えば，教職員自身が「性的マイノリティ」全般に関する無理解な言動を慎むなど日頃から児童生徒が相談しやすい環境をつくり，実際に相談を受けた際には，児童生徒の悩みや不安をまずは傾聴する姿勢を示すことが大切です。

［参考文献］
性犯罪・性暴力対策強化のための関係府省会議「性犯罪・性暴力対策の強化の方針」，2020年
文部科学省「児童生徒が抱える問題に対しての教育相談の徹底について（通知）」，2010年
文部科学省「性同一性障害に係る児童生徒に対するきめ細かな対応の実施等について」，2015年
厚生労働省「自殺総合対策大綱〜誰も自殺に追い込まれることのない社会の実現を目指して〜」，2022年

（谷貝　彰紀）

57 性に関する課題の チーム支援は どのようにしたら よいですか？

　性に関する課題を支援する際は，早期発見と早期対応を心がけることが重要です。児童生徒が発しているサインをくみ取ってチーム支援を行うために，日頃から実効性のある組織体制の構築を心がけておくことが求められます。

① 早期発見と早期対応

　『提要』によると，性犯罪・性暴力には，性的虐待，デートDV（Domestic Violence），SNSを通じた被害，セクシャルハラスメントなどがあります（p.258）。児童生徒は，性に関する問題や心配事についてのサインを表情や態度などを通じて発することがあります。教職員が日頃から児童生徒をよく観察しておくことで，小さなサインに気付くことが可能となります。児童生徒が発するサインをキャッチした際は，事態を深刻化させないために，迅速にチーム支援に基づく対応を行うことが求められます。

② 養護教諭と他の教職員との連携

　性犯罪・性暴力などの体験は，学校の中では語りにくい出来事です。養護教諭の活動の中心となる保健室は，誰でもいつでも利用でき，児童生徒にとっては安心して話を聞いてもらえる場所でもあります。発見しにくい性的虐待や性被害なども，保健室における本人との会話や様子の観察から明らかになることがあります。言葉で表現されない場合でも，救急処置や身体的不調の訴えを通して把握できることがあるでしょう。養護教諭には，会話や行動の観察を通して性的虐待や性被害の事実を把握できるようにしておくことが

求められます。児童生徒が発しているわずかなサインを見逃さず，気になったときには教職員と情報共有を行って児童生徒の背景を把握することが大切です。日頃から情報共有をしておくことで，対応の必要があるときに円滑な連携に基づく支援を行うことが可能となります。

③ 実効性のある組織体制の確立

　児童生徒の性的虐待や性被害についてのサインは，いつ・どのような場面で・誰がキャッチできるかは様々です。円滑な連携を実現するためには，教職員の誰かが得た情報を教職員間で共有する場を設け，生徒指導部，教育相談部，保健部などのそれぞれの組織が情報を共有し，役割を分担した上でチームとして取組を進めることができる実効性のある組織体制を築いていくことが大切です。その上で，学校，家庭，地域が一体となって，緊密な連携の下に児童生徒の健全な成長を支える必要があります。

④ 未然防止教育

　2021年には文部科学省と内閣府が連携し，「生命（いのち）の安全教育」のための教材及び指導の手引き等を作成しました。この指導の手引きでは，全ての児童生徒が性犯罪・性暴力に対して適切な行動を取れる力を身に付けるための教材及び指導の手引きが示されています。性犯罪・性暴力を根絶していくためには，加害者にならない，被害者にならない，傍観者にならないための教育と啓発を行っていくことが重要です。

［参考文献］
文部科学省『「生命（いのち）の安全教育」指導の手引き』，2021年

（大河内　範子）

58 性的被害者への生徒指導上のケア・支援のポイントはなんですか？

　性的被害に遭った児童生徒に対しては，トラウマに関する知識を持って対応することが求められます。心的外傷後ストレス障害（PTSD）を引き起こすことも多いため，専門家と連携して支援を行うことが大切です。

① 性的被害者とトラウマ

　個人で対処できないほどの圧倒されるような体験によってもたらされる心の傷のことをトラウマと言います。性的被害に遭った児童生徒に対応するときは，このトラウマに関する知識を持つことが重要です。教職員がお互い支え合い，尊重しながらチームとして支援を行うことが求められます。

② 性的被害者への対応のポイント

　児童生徒から相談を受けた場合の対応のポイントは，以下のとおりです。
①被害開示を受けた場合，児童生徒が安心して話せる場所に移動します。最初の段階では「誰に何をされたか」を聴き取り，「あなたは悪くない」，「あなたに落ち度も責任もない」と繰り返し伝え，最後に「話してくれてありがとう」と伝えます。児童生徒が自発的に被害を話し始めたら，話を遮らず，丁寧に聴き取ることが求められます。その際は，児童生徒が話す以上のことを聴き出そうとせず，児童生徒の使った表現や言葉をそのまま記録に残すことが大切です。詳細については無理に聴きすぎず，「性的な被害を受けた」ことが聴ければ，警察等の関係機関に通告をすることになります。また，家族や，他の教職員，関係機関とどこまで情報を共有して

よいのかということについて，本人から同意を取ります。

②聴き取りの際，「なぜ」，「どうして」という圧力をかける言葉は避け，「どういうことで」に言い換えるようにします。

③被害開示を受けた教職員が怒りや動揺を見せると，被害児童生徒はそれ以上話ができなくなってしまうことがあるため，感情的な対応にならないよう留意します。

④他の教職員に同じ話を聴かれて被害体験を思い出させられることは，トラウマ体験を深めることにつながり，被害児童生徒の話の内容や記憶が変化してしまう可能性もあります。繰り返し同じ話を聴くことは避けるようにします。聴き取りの際は，児童生徒が信頼できる複数の教職員（SC，SSW 等を含む）が対応するようにします。

⑤障害のある児童生徒等については，個々の障害の特性や状態等を踏まえた対応が求められます。

③ 性的被害者への心身のケア

　性的虐待や性的被害などに遭遇した児童生徒は心的外傷後ストレス障害（PTSD）を引き起こすことも多くあります。養護教諭，担任，学校医，SCや SSW などが連携するとともに，関係機関や医療機関などと連携して支援に当たることが大切です。本人の心情を分かろうとする教職員の姿勢と，不安をやわらげる対応が，被害児童生徒の心のケアにつながります。

［参考文献］
大阪教育大学学校安全推進センター訳『トラウマインフォームドな学校づくり―支援を継続させるシステムフレームワーク』，2020年

（大河内　範子）

59 性の多様性に関する課題について，学校としてどう理解し，対応したらよいですか？

　性的マイノリティへの理解は少しずつ広がっていますが，いまだに偏見や差別が起きているのが現状です。教職員が性的マイノリティを正しく理解し，人権意識を持って，学校内外と連携して支援に当たることが求められます。

① 「性的マイノリティ」とは

　生物学的な性と，性別に関する自己意識である「性自認」と，恋愛対象が誰であるかを示す「性的指向」は異なるものです。「身体的性」，「性的指向」，「性自認」等の様々な次元の要素の組み合わせによって，多様な性的指向・性自認を持つ人々が存在します。例えばLGBTとは，Lがレズビアン（Lesbian 女性同性愛者），Gがゲイ（Gay 男性同性愛者），Bがバイセクシャル（Bisexual 両性愛者），Tがトランスジェンダー（Transgender 身体的性別と性自認が一致しない人）を表します。

② 「性的マイノリティ」に関する理解と学校における対応

　文部科学省は，性的マイノリティに関わるいじめを防止するため，平成29年に改定された「いじめの防止等のための基本的な方針」で，「性同一性障害や性的指向・性自認について，教職員への正しい理解の促進や，学校として必要な対応について周知する」ことを追記しました。学校では，具体的に以下のような対応が求められます（pp.264-265）。
①いじめや差別を許さない生徒指導・人権教育等を推進して，悩みや不安を抱える児童生徒に対する支援の土台をつくる。

②教職員が「性的マイノリティ」についての理解を深めて，人権感覚を身に付け，普段から児童生徒が相談しやすい環境を整える。

③最初に相談を受けた者が抱え込まずに，組織的に支援に取り組む。チーム支援会議を開きながら，足並みを揃えた支援を行う。

④先入観を持たず，その時々の児童生徒の状況などに応じた支援を行う。支援に当たっては，表に示すような取組（p.266 表4）を参考とする。

性同一性障害に係る児童生徒に対する学校における支援の事例

項　目	学校における支援の事例
服装	・自認する性別の制服・衣服や，体操着の着用を認める。
髪型	・標準より長い髪形を一定の範囲で認める（戸籍上男性）。
更衣室	・保健室・多目的トイレ等の利用を認める。
トイレ	・職員トイレ・多目的トイレの利用を認める。
呼称の工夫	・校内文書（通知表を含む。）を児童生徒が希望する呼称で記す。 ・自認する性別として名簿上扱う。
授業	・体育又は保健体育において別メニューを設定する。
水泳	・上半身が隠れる水着の着用を認める（戸籍上男性）。 ・補習として別日に実施，又はレポート提出で代替する。
運動部の活動	・自認する性別に係る活動への参加を認める。
修学旅行等	・1人部屋の使用を認める。入浴時間をずらす。

③ 「性的マイノリティ」に関する学校外における連携・協働

　児童生徒の性に関する悩みをどのくらい受容しているかは保護者によって異なります。教職員は保護者と十分に話し合って支援を行うことが求められます。医療機関との連携によって，専門的知見を得る機会になるだけでなく，教職員や保護者・他の児童生徒に説明するための情報を得ることも大切です。

[参考文献]
文部科学省「いじめの防止等のための基本的な方針」，2017年

（大河内　範子）

60 発達障害の児童生徒には どう対応したら よいですか？

　令和4年に文部科学省が担任等の教員を対象に実施した調査結果によれば，学習面または行動面で著しい困難を示す小学生・中学生の割合は，8.8％でした。これは発達障害と診断された児童生徒ではありませんが，発達障害の可能性のある児童生徒が学級に2～3人いることになります。

① 発達障害者支援法

　平成16年，発達障害の早期発見と発達障害者の社会参加促進のための支援を行うことを目的に，発達障害者支援法が制定されました。発達障害とは，「自閉症，アスペルガー症候群その他の広汎性発達障害，学習障害，注意欠陥多動性障害その他これに類する脳機能の障害であってその症状が通常低年齢において発現するもの」と定義されています（第2条）。そして「発達障害者」とは「発達障害がある者であって発達障害及び社会的障壁により日常生活又は社会生活に制限を受けるもの」です（第2条）。ここでの「社会的障壁」とは「発達障害がある者にとって日常生活又は社会生活を営む上で障壁となるような社会における事物，制度，慣行，観念その他一切のもの」です（第2条）。発達障害のある児童生徒の学校生活の障壁を除くことが，合理的配慮になります。平成28年の改正において，発達障害による困難な課題に対応するために，個別の教育支援計画及び個別の指導計画の作成が明記されています（第8条）。

② 発達障害の児童生徒への対応のポイント

発達障害による能力的な偏りによる失敗は，努力不足，意欲の問題などと誤って捉えられがちです。その結果発達障害の児童生徒は，過度の注意や叱責を受けることで，小学入学時に「どうして私はできないのだろう」という思いを，小学生後半で「どうせ私はできない」という学習性無力感を持つことがあるのです（石隈・家近，2021）。児童生徒の失敗の要因の把握はもちろん，よさ・強み（自助資源）や援助資源を活かして，学習に向かう態度をポジティブにしていくことです。また児童生徒自身，保護者との信頼関係を構築しながら，担任などによる機動的連携型支援チーム，学校全体の支援のコーディネーションを行う校内連携型支援チーム（校内委員会など），さらに医療機関も含めたネットワーク型支援チームによる支援が求められます。

③ アセスメントと個別の指導計画，個別の教育支援計画

学習面や行動面で著しい困難を持つ児童生徒に関しては，学習面，心理面，社会面，進路面，健康面等の包括的アセスメントを行います。特に児童生徒の自助資源と援助資源の発見です。前年度の学校生活の様子の引継ぎ，学習場面（課題への取組や板書の様子など），行事の場面での観察は有用です。児童生徒や保護者との（三者）面談で，児童生徒が学校生活で頑張っていることや困っていること，支援してほしいことなどの情報を収集します。また児童生徒の理解と支援が十分ではない場合は，WISC-V や KABC-Ⅱ などの個別式知能検査を実施して，児童生徒が得意な学習様式を発見します。アセスメントの結果を活かして，「個別の指導計画」，「個別の教育支援計画」を作成して，実施するのです。通常学級での支援を中心として，児童生徒の教育ニーズに応じて，「通級による指導」，相談室，保健室などを活用します。

発達障害は，生まれつきの脳の働き方の違いにより，対人関係や社会性，行動面や情緒面，学習面に特徴がある状態です。発達障害は医学用語ではなく，疾病分類においては神経発達症とよびます。ここでは，医療面から見た

発達障害についてまとめてみました。

④ 医療の側面からの発達障害

　発達障害の主なものは，自閉症，注意欠如・多動性障害，学習障害・知的障害です。日本の発達障害者支援法による発達障害の定義では，知的障害は含まれませんが，子供と関わるときには知的能力への配慮が欠かせません。発達障害を有する子供は，複数の発達障害特性を持っていることも少なくありません。一方で，その特性は明らかな障害とは言えず，いわゆる性格の範囲の程度のこともあります。環境によっては障害と捉えられたり，それほど問題にならない場合もあります。学習活動において容易に取り組めるものもあれば，困難さを抱えるものもあり，学業成績が優秀であっても，生活上の困難さを抱えている場合も少なくありません。

　発達障害や知的障害は，正常と障害の間がクリアに分かれているわけではなく，境界域というものがあります。物事が全くできない障害ではなく，頑張ればできる，でも頑張らないと逆にできない，スムーズにはできないけど，何とか時間をかければできるなど，状況によっては，できたりできなかったりします。そのため，経験や努力不足，意欲の問題，甘えやわがままなどと誤って捉えられてしまうことも少なくありません。発達障害が周囲に気付かれず，できないことに対して叱責や批判を受け続けると，心のバランスを崩し，暴力行為，不登校，不安障害など二次的な問題が生じてくることも知っておく必要があります。

　次に，自閉症，注意欠如・多動性障害，学習障害について説明していきます。

⑤ 発達障害の診断分類

（１）自閉症

　自閉症は，DSM-5では自閉スペクトラム症と言い，①コミュニケーション及び対人関係の問題，②興味の限局，こだわり，常同行動，③感覚の過敏，感覚の鈍麻が共通して見られます。さらに，一般には音に過敏（多くは赤ち

ゃんの泣き声が苦手），光や匂い，触覚に過敏などがあります。反対に，痛みや吐き気，満腹感，のどの渇きなど身体の内部感覚には鈍感なことも少なくありません。想像力（見通しをつける力）の障害は，自閉症児童生徒に特記すべき特性で，本人のつらさや不安，周囲の環境や関わりにおいて，支援する側の理解が必要です。年齢を重ねても，根本的に症状は大きくは変わりませんが，環境や経験などの，社会参加により精神状況は変わってくる傾向があります。

（2）注意欠如・多動性障害

　注意欠如・多動性障害は，複数の状況下における著しい不注意，多動や衝動性のために，種々の能力の発揮や発達の妨げになっている状態であり，社会的な活動や学校生活を営む上で著しい困難を示します。早合点やうっかりミス，不注意の誤りによる失敗も多く経験しています。また，指示どおりに活動できない，ルールや約束が守れないことは，学校生活全般に影響します。学校のみならず家庭においても，注意や叱責を受ける機会が多いことは，自己評価や自己肯定感の低下につながります。症状の強さや凸凹も様々で，診断は同じでも個々で様子が異なります。

（3）学習障害

　学習障害は，知的な発達に遅れはないにもかかわらず，読みや書き，計算などある特定の課題の習得だけが，他に比べてうまくいかない状態を指しています。目安としては，学校での学習到達度に１〜２学年相当の遅れがあるのが一般的です。できることと難しいことのギャップが大きいことも特徴であり，本人のやる気や努力不足と見られがちです。失敗経験の積み重ねは学習に対する自信や意欲の低下を招きます。

［参考文献］
文部科学省「通常の学級に在籍する特別な教育的支援を必要とする児童生徒に関する調査結果について」，2022年
石隈利紀・家近早苗『スクールカウンセリングのこれから』創元社，2021年
髙橋三郎・大野裕監訳ほか『DSM-5 精神疾患の診断・統計マニュアル』医学書院，2014年

（石隈　利紀・池田　裕一）

61 精神疾患の児童生徒への対応のため押さえるべき基礎知識とはなんですか？

　精神疾患全般を理解することは容易ではありませんが，疾患を抱えている児童生徒を指導するに当たり，基本的な知識と対応方法を知っておくことは大切です。ここでは，精神疾患に関する必須事項について説明していきます。

① 精神疾患に関する理解と対応方法

　精神疾患とは，脳の働きの障害や脳実質の病気などによって生じる疾患の総称です。精神疾患の多くは思春期から青年期に発症する傾向があり，さらに，子供自ら病気として気付きにくいという特徴もあります。精神疾患の初期症状として，不安が強い，気持ちが塞ぐ，気分が優れない，眠れないなどの訴えがありますが，これらは普通に生活していてもよく経験する症状でもあります。しかし，これらの症状が繰り返し出現したり，徐々に頻度が増えたりするにもかかわらず，適切な対応が行われないと，次第に精神疾患特有の症状へと発展するおそれがあります。そのため，生活指導においては「よくあること」として見過ごさず，児童の寝る，起きる，食べる，勉強するなどの生活リズムや生活環境の改善などの手助けをして，症状がこれ以上進まないように配慮する必要があります。

　さらに，①精神疾患に罹患することは誰にも起こりうること，②精神疾患の発症には睡眠などの生活習慣が影響すること，③精神疾患や心の不調を疑ったら，早めに誰かに相談することを知ってください。学齢期においては，親や教員よりも，友人に相談したり，インターネットやSNSから情報を得たりしがちです。そのため，担任や養護教諭，SCなどに相談を持ちかけや

すい環境づくりも大切になります。

② 主な精神疾患について

（1）うつ病

　うつ病は気分障害の一つです。気分障害とは，一日中気分が落ち込んでいる，何をしても楽しめないといった精神症状です。眠れない，食欲がない，疲れやすいといった症状が現れ，さらに，日常生活全般に大きな支障が生じた場合，うつ病の可能性があります。うつ病の背景には，精神的または身体的ストレスなどがあることが多いですが，つらい体験や悲しい出来事のみならず，進学，進級，引越しなどといった嬉しい出来事の後にも発症することがあります。治療には，行動療法と精神療法，薬物療法があり，何よりも充分な休養が必要です。

（2）統合失調症

　統合失調症は，脳の様々な働きの調整が難しくなるために，幻覚や妄想などの症状が起こる病気です。10代後半から20代前半で発症することが多いです。幻覚とは実際にはないものをあるように感じる知覚の異常で，妄想とは明らかに誤った内容を信じてしまい，周りが訂正しようとしても受け入れられない考えのことです。治療は長い経過をたどりやすいですが，最近は薬剤などにより段階的な回復を期待できるようになっています。

（3）摂食障害

　摂食障害には，神経性やせ症と神経性過食症，過食性障害があります。神経性やせ症の特徴は，著しい低体重で月経不順が見られます。本人は自覚がないことが多く，低栄養のため成長が止まることもあります。症状としては肥満恐怖があり，過活動や運動強迫が特徴です。神経性過食症では，過食に加え，過食を止められない「失コントロール感」が伴います。治療は，神経性やせ症では栄養回復とカウンセリングを中心とした心理療法，神経性過食症では病気の理解，生活の規則化と食行動のコントロールが必要です。また，家族関係の改善やコミュニケーションの支援が不可欠です。　　　　（池田　裕一）

62 健康問題に関する指導において気をつけるべきポイントはありますか？

　生徒指導上の課題の背景に，児童生徒の心身の健康課題がある場合があります。健康課題に関しては，児童生徒の健康状態を観察し異変があれば適切な対応をすること（健康観察）及び児童生徒の個別の健康に関する問題についてアドバイスを行うこと（健康相談）が鍵となります。そして児童生徒に健康管理の重要性を教え，健康に関する正しい知識を身に付けさせること，学校と保護者との連携を図り児童生徒の健康状態について共有することです。また養護教諭と生徒指導主事との連携により，児童生徒の健康課題を把握する必要があります。

① 健康課題への対応

　本邦における学校保健は，明治初期に学校衛生として始まり，当時は伝染病などが重要な健康課題と認識されていましたが，近年，都市化，少子高齢化，情報化などにより子供の心身の健康にも大きな影響を与えており，新たな課題が現れています。

（1）生活習慣の乱れ

　生活習慣の乱れは，学習意欲や体力，気力の低下を招きます。夜更かしを助長し，睡眠にも悪影響を与えます。生活習慣の乱れを引き起こす主な要因として，インターネットやスマートフォン等の情報通信技術の発展とその利用時間の増大など，子供を取り巻く情報環境の変化が挙げられます。

（2）メンタルヘルスに関する課題

　子供のメンタルヘルスに大きな影響を及ぼす課題として，いじめ，不登校，

児童虐待等が挙げられます。いじめは，どの子供でもどの学校でも起こりうるものであり，近年のスマートフォンや SNS を使った「ネットいじめ」は，子供が容易に行動に移しやすい一方，大人の目に触れにくくなっています。

（3）アレルギー疾患

アレルギー疾患に関する課題として，食物アレルギー，気管支ぜん息，アトピー性皮膚炎，アレルギー性結膜炎，アレルギー性鼻炎等が挙げられます。

（4）性に関する健康課題

性の問題行動の背景として，性的な成熟が早まり体格が向上する一方，インターネット等を中心に性情報が氾濫し，性に関する情報の入手が容易になるなど，子供を取り巻く環境が大きく変化していることが挙げられます。また，10代の人工妊娠中絶率及び性感染症の問題があります。

② 健康課題に関する事項と関連機関との連携

関連機関との連携については，下記の項目を知っておきましょう。

①学校において児童の健康診断が定期的に実施されます。その際に，保健師や医師から必要な健康アドバイスを受けられます。

②地域保健師や保健所は，地域の健康管理に関する機関です。学校や家庭からの相談に対しても積極的に対応しており，児童生徒の健康に関する問題について助言を受けることができます。

③児童生徒の健康状態については，学校と保護者が密接に連携することが大切です。学校においては，保護者に健康診断の結果やアドバイス，緊急時の連絡先などを提供し，必要に応じて保護者からの情報提供を受け付けます。

④児童相談所や児童養護施設は，児童生徒の保護や支援に関する機関です。児童生徒が虐待やいじめなどの被害に遭ったり，家庭環境が悪化した場合などに，これらの機関と密接に連携して，児童生徒の保護と支援を行います。

［参考文献］
日本学校保健会編『保健主事のための実務ハンドブック―令和2年度改訂―』，2021年

（池田　裕一）

63 児童生徒の多様な家庭的背景をどう受け止め指導したらよいですか?

　家庭状況の多様化が進むとともに，家庭の子供の成長・発達に果たす役割は複雑になっています。学校には家庭の在り方を批判せずに，その多様性を認め，家庭と協働して児童生徒の教育に当たることが求められます。

① 学校が行う家庭への支援

（1）家庭支援における学校の役割

　児童生徒に問題やリスクが生じる場合には，福祉機関が保護者の意向を超えてでも家庭への介入を行うことがあります。この場合，学校としての役割を理解した上で，単独で抱え込まず，協調して支援を行うことが求められます。学校で行う支援は保護者の了解や同意を前提とするため，支援を受け入れてもらうために，援助要請を的確に引き出す力が求められます。

（2）家庭訪問における留意点

　家庭に働きかけようとしても連絡することもできないことが，しばしば起こります。連絡を取れない家庭に訪問する際は，プライバシーに配慮しつつ，訪問の目的を明確にし，方法や成果を検証しながら実施することが大切です。

（3）家庭支援における福祉・司法との連携

　安否確認などの家庭の監護に関する最終判断は，福祉や司法が担当します。安否が確認できないときは，自治体又は児童相談所への通告を行うほか，警察等に情報提供を行うなど，適切な対処が必要です。

　児童福祉法により，行政が積極的に介入することが求められる児童等の区分として，要保護児童，要支援児童，特定妊婦があります。いずれの区分も

児童虐待と同様に，児童生徒本人や保護者の意向にかかわらず，通告の義務や情報提供の努力義務が課せられます（p.283）。

> 要保護児童…保護者のない児童又は保護者に監護させることが不適当であると認められる児童
> 要支援児童…保護者の養育を支援することが特に必要と認められる児童
> 特定妊婦……出産後の養育について出産前において支援を行うことが特に必要と認められる妊婦

② 経済的困難を抱える場合

「子供の貧困対策に関する大綱〜日本の将来を担う子供たちを誰一人取り残すことがない社会に向けて〜」では，貧困対策のプラットフォームとしての学校の在り方や，就学援助・支援や進路指導などの指標も含めた支援の方針が示されています。ひとり親家庭の支援については「母子及び父子並びに寡婦福祉法」で示されており，子供の生活や学習を守るための就学援助の制度や，保険料滞納世帯の子供に対する医療制度など，貧困世帯への支援が存在します。貧困による影響が見られた場合は，SSW をはじめとする学校内外の関係者と連携して，必要な支援の提供を行うことが求められます。

③ 児童生徒の家庭での過重な負担についての支援

ヤングケアラーとは，本来大人が担うと想定されている家事や家族の世話などを，日常的に行っている子供を指します。子供としての生活体験が奪われたり，通学や睡眠時間も制限されるケースも報告されています。過度な負担や責任によって子供の育ちなどに影響が出ないよう，周囲の大人が理解した上で社会的支援がなされるような環境を整えることが求められます。

[参考文献]
内閣府「子供の貧困対策に関する大綱〜日本の将来を担う子供たちを誰一人取り残すことがない社会に向けて〜」，2019年

（大河内　範子）

64 生徒指導の最新情報を 学ぶにはどうしたら よいですか？

　生徒指導は，その時々の教育課題に敏感に呼応して変化します。『提要』は，生徒指導の基本的な共通教科書なので，ミニマム・エッセンシャルズ（必要最低限度の知識）を提供しています。そのため，最新の情報を得るためには，日頃の自学自習が重要となります。以下では，インターネットを活用した学習方法を紹介します。

① 中央教育施策並びに地方教育施策の学習方法

　生徒指導は，文部科学省の教育施策によって動いています。また，それを受けて，各地方自治体が地域の実態に応じた教育施策を打ち出しています。したがって，この両者の教育施策の確認と理解が必要となります。

（１）中央教育施策の情報収集

　中央教育施策については，ネットで「文部科学省」と「生徒指導」をキーワードに検索をしてください。そうすると，文部科学省の「生徒指導等について」がヒットするので，そのページのリンクを確認してください。教育施策や重要な通知文などを，閲覧することができます。また，「文部科学省」と「いじめ」など，特定の課題名とクロスして検索をするのもよいです。

　なお，文部科学省が毎年公表している「児童生徒の問題行動・不登校等生徒指導上の諸課題に関する調査結果」は，必読資料です。ネット上では，平成23（2011）年度まで，さかのぼって閲覧が可能です。

　この他，国の生徒指導の研究機関として，国立教育政策研究所生徒指導・進路指導研究センターがあります。ここにも，生徒指導に関する資料や，い

じめ・不登校などに関する調査研究報告書などがあります。また，進路指導・キャリア教育に関する有益な資料もあるので，閲覧してください。

（２）地方教育施策の情報収集

　特定の地方自治体の生徒指導を知るには，「地方自治体名または教育委員会名（例えば，東京都または東京都教育委員会）」と「生徒指導」をキーワードに検索をしてください。生徒指導の重点目標，いじめ・不登校・暴力行為・児童虐待・自殺などの対策，生徒指導のガイドブックなどが閲覧できます。特に，教員採用試験を受験する場合は，必読となります。

　この他，教育センターがあるので，「地方自治体名または教育委員会名」と「教育センター」をキーワードに検索をしてください。教育センターは，主に教員研修や教育相談を担っていますが，いじめ・不登校などに関する調査研究やガイドブックなどの公開を行っているので，閲覧してください。

② 日常生活での学習方法

　生徒指導に関しての最も早い情報は，ネットニュースです。これには，文部科学省の生徒指導に関するニュースから，いじめ・不登校・暴力行為・校則・体罰などの日々の事件に関するニュースまで幅広いです。

　毎日，30分から1時間程度ネットニュースを閲覧する習慣をつけると，最新の時事知識を保てます。ニュース記事には，関連情報が提示されているので，それも閲覧するのがよいです。また，記事の中で，知らない語句や分からない語句があれば，即座に検索をして理解するとよいです。例えば，「ヤングケアラー」が分からなければ，その語句で検索をします。そうすると，文部科学省や厚生労働省，自治体や関連団体などのページがヒットするので，より多角的に深く理解できます。この他，文部科学省のメールマガジンを登録しておくと，メールで新着情報を得ることができます。

[参考文献]
文部科学省「児童生徒の問題行動・不登校等生徒指導上の諸課題に関する調査結果」

（八並　光俊）

65 生徒指導を支える学校心理学を学ぶにはどうしたらよいですか？

『提要』は，生徒指導の実践の成果に基づいて作成されています。つまり全国の生徒指導のよい実践（Good Practice）が参考にされています。同時に生徒指導は，関係する学問体系に支えられています。生徒指導を支える学問体系の一つが，学校心理学です。

① 学校心理学の概念を学ぶ

学校心理学は，心理教育的援助サービスの理論と実践の体系です。心理教育的援助サービスは，児童生徒一人一人の「学習面，心理・社会面，進路・キャリア面，健康面など学校生活」における問題状況や危機状況を援助し，全ての児童生徒の成長を促進する教育活動であると定義されています（石隈, 1999；石隈・家近, 2021）。そして『提要』では生徒指導は，学校教育の全ての場面を通して児童生徒の発達を支えるとともに，課題のある場合は指導・援助することとしており，そして「支える」，「指導する・援助する」実践を包括的に「支援」としています。つまり生徒指導は<u>生徒支援</u>であり，学校心理学の<u>心理教育的援助サービス</u>に関わる概念が，生徒指導の実践を見直すヒントを提供します。そして学校心理学の概念には，指導サービス・援助サービス，アセスメント，チーム援助，相互コンサルテーション，コーディネーション，個別の援助計画などがあります。『学校心理学』，『スクールカウンセリングのこれから』，『学校心理学ハンドブック』などの図書や『学校心理学研究』，『生徒指導研究』などの学術誌を熟読することを勧めます。

② 学校心理学の実践モデルを学ぶ

　『提要』の実践を理解するには，学校心理学のモデルが役立ちます。例えば重層的支援構造（Q06）や支援チームの種類（Q09）などは，学校心理学の三段階の心理教育的援助サービスや３層の援助チームと呼応します。日本学校心理学会，日本生徒指導学会，日本学校心理士会，日本スクールカウンセリング推進協議会等の研修会に参加して，学校心理学の実践モデルについて習得してください。

　特に『提要』の２軸３類４層は，三段階の心理教育的援助サービスの枠組みで理解しやすくなります（図；水野・家近・石隈，2018）。全ての児童生徒に対する一次的援助サービスは，発達支持的生徒

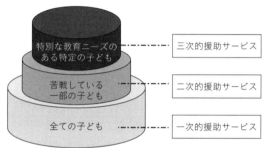

図　三段階の心理教育的援助サービス

指導と課題未然防止教育に当たります。一次的援助サービス（プロアクティブ生徒指導）に関しては，学校心理学で学級づくりや学校づくりの実践事例が蓄積されています。また，一部の児童生徒に対する二次的援助サービスは課題早期発見対応，そして特定の児童生徒に対する三次的援助サービスは困難課題対応的生徒指導です。二次的援助サービス・三次的援助サービス（リアクティブ生徒指導）に関しては，不登校や発達障害のある児童生徒への援助の実践方法が参考になります。

［参考文献］
石隈利紀『学校心理学―教師・スクールカウンセラー・保護者のチームによる心理教育的援助サービス』誠信書房，1999年
石隈利紀・家近早苗『スクールカウンセリングのこれから』創元社，2021年
水野治久・家近早苗・石隈利紀編『チーム学校での効果的な援助―学校心理学の最前線』ナカニシヤ出版，2018年
日本学校心理学会編『学校心理学ハンドブック』教育出版，2016年

（石隈　利紀）

66 生徒指導を促進する チーム支援を学ぶには どうしたらよいですか？

　かつて学級王国と呼ばれていた教育現場にチーム支援の概念（石隈, 1999）が紹介されたのが1990年代後半です。石隈・田村（2003）など日本に合った学校でのチーム支援の実践が2000年頃から始まりました。さらに，文部科学省が2015年に「チーム学校」の概念を打ち出し，チーム支援は，今回の『提要』改訂の重要な柱の一つとなっています。ここでは日々実践や理論が蓄積しているチーム支援の学び方についてご紹介します。

① 実践事例集から学ぶ

　経験の浅い教職員のみなさんや SC のみなさんは，「チーム支援をしたい」と思っても，何から始めたらいいのか分からないと思います。実践事例を数多く知ることで具体的なイメージを描くことができます。インターネット上には，文部科学省の実践事例集，各自治体教育委員会の実践報告や研修報告が公開されています。「チーム支援」，「実践事例」，「研修報告」等をキーワードにしてインターネットで検索してみてください。

② 学会の学術大会や研修会に参加して学ぶ

　各学会では，年１回の学術大会の他に随時研修会を開催しています。研修会は，対面での研修会の他に，オンライン（同時配信）やオンデマンド（動画配信）など受講しやすいように工夫されています。研修会のテーマの中から「チーム支援」に関連する講座を選ぶと最新の実践や情報を学ぶことができます。さらに，学部生のみなさんも受講可能な大会や研修会もあるため各

学会のホームページで確認してください。「チーム支援」の研修会が充実しているおもな学会には，日本学校心理学会，日本学校心理士会，日本生徒指導学会，日本スクールカウンセリング推進協議会等があります。

③ 多職種のチーム支援を国内外の論文や書籍等から学ぶ

実践について学ぶと，みなさんはさらに多職種のチーム支援（教育分野，医療・福祉分野，産業分野，司法分野等）について学術的に深く学びたくなると思います。そこで論文や書籍を読むことをお勧めします。

（1）論文検索サイトの活用

おもな論文検索サイトには下記があります。「チーム支援」等関心のあるキーワードを複数入力して論文を探します。それぞれの検索サイトごとに検索できる論文数や抄録等の有無などの特徴があります。

おもな論文検索サイト

J-STAGE（科学技術情報発信・流通総合システム）
CiNii Reseach（NII 論文情報ナビゲータ）
IRDB（学術機関リポジトリデータベース）
Google Scholar
Semantic Scholar

（2）図書館所蔵資料サイトの活用

書籍を検索するには，国立国会図書館サーチや CiNii Books，カーリルなどがあります。国立国会図書館サーチやカーリルでは，全国の図書館等が所蔵している書籍等を検索することができます。

［参考文献］
石隈利紀『学校心理学―教師・スクールカウンセラー・保護者のチームによる心理教育的援助サービス』誠信書房，1999年
石隈利紀・田村節子『新版　チーム援助入門』図書文化社，2018年

（田村　節子）

Q&A

67 学習指導と生徒指導の一体化を学ぶにはどうしたらよいですか？

　生徒指導は，学校の全ての場面で行われます。授業は全ての児童生徒を対象とした発達支援的生徒指導の場です。教育活動の多くを占める教科学習は，児童生徒の学校適応の鍵を握っています。

① 学習指導要領について理解する

　学習指導要領では，学校教育法等に基づき，小学校，中学校，高等学校等ごとに，それぞれの教科等の目標や大まかな教育内容を定めています。各学校で教育課程（カリキュラム）を編成する際の基準であり，各学校では，学習指導要領や年間の標準授業時数等を踏まえて教育課程を編成します。教育課程は，「学校教育の目的や目標を達成するために，教育の内容を生徒の心身の発達に応じ，授業時数との関連において総合的に組織した各学校の教育計画」のことです（p.39）。

　発達支援的生徒指導は全ての児童生徒に対して，全ての教育活動において行います。全ての児童生徒の学習面の達成状況について把握するためには，その基準となる学習指導要領をよく読んで理解しましょう。

② 授業づくりの工夫について学ぶ

　全ての児童生徒の学習意欲を高め，基礎学力を身に付けることを目指すことは，自己存在感を促進する発達支援的生徒指導です。また，多様な学び方をする児童生徒の特長を見いだし，学習上のつまずきに対して適切な対応をすることは，課題早期発見対応の生徒指導です。教員の創意工夫が，多様な

児童生徒に「どの児童生徒も分かる授業」，「どの児童生徒にとっても面白い授業」を提供します（石隈・家近, 2021）。

「分かる授業，面白い授業」の展開には，「授業のユニバーサルデザイン」（授業UD）が参考になります（小貫・桂, 2014）。授業UDは，特別支援教育の考え方や指導方法を取り入れて，全ての児童生徒が「参加する」，「理解する」，「習得する」，「活用する」という構造で授業をデザインするモデルです。例えば，「参加する」段階では，授業の見通し（時間の構造化）や集中を妨げる音や刺激の調整（刺激量の調整）など授業での困難さを取り除く工夫が具体的に示されています。日本UD授業学会からは，学会誌『授業UD研究』が刊行されていますので参考にしてください。

また，全ての児童生徒が授業に参加し，主体的に学ぶこと，判断の根拠や理由を示しながら自分の考えを述べることができるようになるためのアクティブ・ラーニングを学ぶこと，「チーム学校」でも示されたICTの活用方法についても学ぶことが「分かる授業，面白い授業」につながります。

さらに授業方法だけでなく，自分の意見が言えて共感的に聞いてもらえる授業，安全・安心な学級にするために，授業の中に対人関係能力を高めるプログラムを取り入れることもよいでしょう。社会性と情動の学習（ソーシャル・アンド・エモーショナル・ラーニング＝SEL）などを活用して社会的能力や良好な対人関係をつくるプログラムも学んでおきましょう。

変わりつつある社会を生き抜く力の基礎をつくる学習指導は，生徒指導の目指す，児童生徒の幸福追求と社会的な自己実現を支えます。

[参考文献]
石隈利紀・家近早苗『スクールカウンセリングのこれから』創元社，2021年
小貫悟・桂聖『授業のユニバーサルデザイン入門』東洋館出版社，2014年

（家近　早苗）

執筆者一覧

八並　光俊　　東京理科大学教授・日本生徒指導学会会長

石隈　利紀　　東京成徳大学教授・日本学校心理学会理事長

田村　節子　　東京成徳大学教授・日本学校心理学会副理事長

家近　早苗　　東京福祉大学教授・日本学校心理学会副理事長

萩谷　孝男　　茨城県教育研修センター主査

山口　豊一　　聖徳大学教授

西山　久子　　福岡教育大学教授

石川満佐育　　鎌倉女子大学准教授

横島　義昭　　つくば国際大学高等学校校長

谷貝　彰紀　　早川・村木経営法律事務所弁護士

中井　大介　　埼玉大学准教授

水野　治久　　大阪教育大学教授

名古屋　学　　神奈川県立横浜南支援学校副校長

石津憲一郎　　富山大学教授

今西　一仁　　兵庫教育大学非常勤講師

飯田　順子　　筑波大学准教授

新井　雅　　　跡見学園女子大学准教授

大河内範子　　公益財団法人神経研究所客員研究員

池田　裕一　　昭和大学医学部教授・小児科医

【編著者紹介】

八並 光俊（やつなみ みつとし）

東京理科大学教授，専門は生徒指導。日本生徒指導学会会長，中央教育審議会委員，インディアナ大学客員研究員，2009年度アメリカ国務省より次世代の日本のリーダーに選出。

石隈 利紀（いしくま としのり）

東京成徳大学教授。筑波大学名誉教授（元副学長・附属学校教育局教育長）。Ph.D（学校心理学）。一般社団法人日本学校心理学会理事長，公益社団法人日本公認心理師協会副会長。

田村 節子（たむら せつこ）

東京成徳大学教授。博士（心理学）。専門は学校心理学，学校臨床。一般社団法人日本学校心理学会副理事長，2003年度日本教育心理学会優秀論文賞受賞。

家近 早苗（いえちか さなえ）

東京福祉大学教授。博士（カウンセリング心理学）。公立小学校教諭，国立武蔵野学院厚生教官，埼玉県教育事務所SC，聖徳大学准教授，大阪教育大学教授を経て現職。一般社団法人日本学校心理学会副理事長。

やさしくわかる　生徒指導提要ガイドブック

2023年10月初版第1刷刊 2024年7月初版第3刷刊	©編著者	八 石 田 家	並 隈 村 近	光 利 節 早	俊 紀 子 苗

発行者　藤原光政

発行所　明治図書出版株式会社
http://www.meijitosho.co.jp
（企画）林 知里（校正）西浦実夏
〒114-0023　東京都北区滝野川7-46-1
振替00160-5-151318　電話03(5907)6703
ご注文窓口　電話03(5907)6668

＊検印省略　　　　組版所 日本ハイコム株式会社

Printed in Japan　　　　　ISBN978-4-18-130527-7

もれなくクーポンがもらえる！読者アンケートはこちらから